D1664801

Gerrit Bulgrin

Vergütung von Vorstandsmitgliedern durch Dritte

Rechtlich zulässiges Instrument
zur Auflösung des Principal-Agent-Konflikts
in der Aktiengesellschaft?

Bachelor + Master
Publishing

Bulgrin, Gerrit: Vergütung von Vorstandsmitgliedern durch Dritte. Rechtlich zulässiges Instrument zur Auflösung des Principal-Agent-Konflikts in der Aktiengesellschaft?, Hamburg, Diplomica Verlag GmbH 2012
Originaltitel der Abschlussarbeit: Drittvergütung von Vorstandsmitgliedern einer Aktiengesellschaft, insbesondere im Konzern

ISBN: 978-3-86341-313-2
Druck: Bachelor + Master Publishing, ein Imprint der Diplomica® Verlag GmbH, Hamburg, 2012
Zugl. Bucerius Law School · Hochschule für Rechtswissenschaften in Hamburg, Hamburg, Deutschland, Bachelorarbeit, August 2011

Bibliografische Information der Deutschen Nationalbibliothek:
Die Deutsche Nationalbibliothek verzeichnet diese Publikation in der Deutschen Nationalbibliografie; detaillierte bibliografische Daten sind im Internet über http://dnb.d-nb.de abrufbar.

Die digitale Ausgabe (eBook-Ausgabe) dieses Titels trägt die ISBN 978-3-86341-813-7 und kann über den Handel oder den Verlag bezogen werden.

Gliederung

Abkürzungsverzeichnis

a.A.	andere Auffassung
Abs.	Absatz
AG	Aktiengesellschaft
AG	Die Aktiengesellschaft (Zeitschrift)
AktG	Aktiengesetz
Anh.	Anhang
ARUG	Gesetz zur Umsetzung der Aktionärsrichtlinie
BB	Betriebs-Berater
BGB	Bürgerliches Gesetzbuch
BGH	Bundesgerichtshof
BGHSt	Entscheidungen des Bundesgerichtshofs für Strafsachen
BGHZ	Entscheidungen des Bundesgerichtshofs in Zivilsachen
BR-Drucks.	Bundesratsdrucksache
BT-Drucks.	Bundestagsdrucksache
BVerfGE	Entscheidungen des Bundesverfassungsgerichts
DB	Der Betrieb
DCGK	Deutscher Corporate Governance Kodex
DStR	Deutsches Steuerrecht
EBITDA	Earnings before interest, taxes, depreciation and amortization
f. (ff.)	folgende (Plural)
FS	Festschrift
GmbH	Gesellschaft mit beschränkter Haftung
Hdb.	Handbuch
HGB	Handelsgesetzbuch
Hrsg.	Herausgeber
iSd.	im Sinne des
iVm.	in Verbindung mit
JZ	Juristenzeitung

KonTraG	Gesetz zur Kontrolle und Transparenz im Unternehmensbereich
lit.	litera
M&A	Mergers and Acquisitions
MBO	Management Buy-Out
NaStraG	Gesetz zur Namensaktie und zur Erleichterung der Stimmrechtsausübung
NJW	Neue Juristische Wochenzeitschrift
Nr.	Nummer
NZG	Neue Zeitschrift für Gesellschaftsrecht
OLG	Oberlandesgericht
P+P	Pöllath + Partners
RefE	Referentenentwurf
RegE	Regierungsentwurf
Rn.	Randnummer
S.	Seite
StGB	Strafgesetzbuch
TransPuG	Gesetz zur weiteren Reform des Aktien- und Bilanzrechts, zu Transparenz und Publizität
u.a.	und andere
UMAG	Gesetz zur Unternehmensintegrität und Modernisierung des Aktienrechts
vgl.	vergleiche
VorstAG	Gesetz zur Angemessenheit der Vorstandsvergütung
VorstOG	Gesetz über die Offenlegung der Vorstandsvergütungen
WM	Wertpapier-Mitteilungen
WPg	Die Wirtschaftsprüfung
WpÜG	Wertpapiererwerbs- und Übernahmegesetz
ZfB	Zeitschrift für Betriebswirtschaftslehre
ZfbF	Zeitschrift für betriebswirtschaftliche Forschung
ZGR	Zeitschrift für Unternehmens- und Gesellschaftsrecht

ZHR	Zeitschrift für das gesamte Handelsrecht und Wirtschaftsrecht
Ziff.	Ziffer
ZIP	Zeitschrift für Wirtschaftsrecht

Literaturverzeichnis

Achleitner, Ann-Kristin
Wollmert, Peter

Stock Options, 2. Auflage, Stuttgart 2002.

Zitiert als: Achleitner/Wollmert-*Bearbeiter*.

Adams, Michael

Was spricht gegen eine unbehinderte Übertragbarkeit der in Unternehmen gebundenen Ressourcen durch ihre Eigentümer?, in: AG 1990, S. 243 – 252.

Idem

Aktienoptionspläne und Vorstandsvergütungen, in: ZIP 2002, S. 1325 – 1344.

Arnold, Arnd

Die Steuerung des Vorstandshandels: Eine rechtsökonomische Untersuchung der Principal-Agent-Problematik in Publikumsgesellschaften, München 2007.

Zitiert als: *Arnold*, Vorstandshandeln.

Arnold, Christian

Variable Vergütung von Vorstandsmitgliedern im faktischen Konzern, in: Baeck, Ulrich u.a. (Hrsg.): Festschrift für Jobst-Hubertus Bauer zum 65. Geburtstag, München 2010, S. 35 – 50.

Zitiert als: *Arnold*, FS Bauer.

Assmann, Heinz-Dieter
Pötzsch, Thorsten
Schneider, Uwe H.

Wertpapiererwerbs und Übernahmegesetz, Kommentar,Köln 2005.

Zitiert als: Assmann-*Bearbeiter*.

Bälz, Ulrich

Verbundene Unternehmen, in: AG 1992, S. 277 – 311.

Bauer, Jobst-Hubertus
Arnold, Christian

Vorstandsverträge im Kreuzfeuer der Kritik, in: DB 2006, S. 260 – 266.

Baums, Theodor

Der Aufsichtsrat – Aufgaben und Reformfragen, in: ZIP 1995, S. 11 – 18.

Idem

Stellungnahme zur Aktienrechtsreform 1997, in: AG-Sonderheft 1997, S. 26 – 38.

Idem

Aktienoptionen für Vorstandsmitglieder, in: Martens, Klaus-Peter u.a. (Hrsg.): Festschrift für Carsten Peter Claussen zum 70. Geburtstag, Köln 1997, S. 3 – 48.

Zitiert als: *Baums*, FS Claussen.

Idem
Thoma, Georg F.

WpÜG: Kommentar zum Wertpapiererwerbs- und Übernahmegesetz, Loseblatt, Stand: Januar 2011, Köln.

Zitiert als: Baums/Thoma-*Bearbeiter*.

Beck'scher Bilanz-Kommentar	Ellrott, Helmuth u.a. (Hrsg.): Beck'scher Bilanz-Kommentar, §§ 238 – 339, §§ 342 – 342e HGB, 7. Auflage, München 2010. Zitiert als: BeckBilanzkomm-*Bearbeiter*.
Becker, Gary S.	Der ökonomische Ansatz zur Erklärung menschlichen Verhaltens, 2. Auflage, Tübingen 1993. Zitiert als: *Becker*, Ökonomischer Ansatz.
Berle, Adolph A. **Means**, Gardiner C.	The Modern Corporation and Private Property, 8. Auflage, New Brunswick 2006. Zitiert als: *Berle/Means*, The Modern Corporation.
Binder, Ulrike	Anmerkung zu LG München I, Urteil vom 23.8.2007 – 5 HK O 10734/07, in: BB 2008, S. 131 – 132.
Bosse, Christian	Handbuch Vorstandsvergütung, Köln 2010. Zitiert als: *Bosse*, Vorstandsvergütung.
Bredow, Felix von	Aktienoptionen und Aktienwertsteigerungsrechte: Organisationsrecht in der Aktiengesellschaft und verbundenen Unternehmen, Berlin 2001. Zitiert als: *v. Bredow*, Aktienoptionen.
Buchta, Jens **Kann**, Jürgen van	Die Haftung des Aufsichtsrats einer Aktiengesellschaft – aktuelle Entwicklungen in Gesetzgebung und Rechtsprechung, in: DStR 2003, S. 1665 – 1670.
Bürgers, Tobias **Körber**, Torsten	Heidelberger Kommentar zum Aktiengesetz, Heidelberg 2008. Zitiert als: Bürgers/Körber-*Bearbeiter*.
Busse von Colbe, Walther	Was ist und was bedeutet Shareholder Value aus betriebswirtschaftlicher Sicht?, in: ZGR 1997, S. 271 – 290.
Cahn, Andreas	Zur Anwendbarkeit der §§ 311 ff. AktG im mehrstufigen Vertragskonzern, in: DB 2000, S. 1477 – 1483.
Idem	Vorstandsvergütung als Gegenstand rechtlicher Regelung, in: Grundmann, Stefan u.a. (Hrsg.): Festschrift für Klaus J. Hopt zum 70. Geburtstag am 24. August 2010, Unternehmen, Markt und Verantwortung, Band 1, Berlin 2010, S. 431 – 445. Zitiert als: *Cahn*, FS Hopt.

Casper, Matthias

Der Optionsvertrag, Tübingen 2005.

Zitiert als: *Casper*, Optionsvertrag.

Diekmann, Hans

Die Drittvergütung von Mitgliedern des Vorstands einer Aktiengesellschaft, in: Grunewald, Barbara/ Westermann, Harm Peter (Hrsg.): Festschrift für Georg Maier-Reimer zum 70. Geburtstag, München 2010, S. 75 – 88.

Zitiert als: *Diekmann*, FS Maier-Reimer.

Dierdorf, Josef

Herrschaft und Abhängigkeit einer Aktiengesellschaft auf schuldvertraglicher und tatsächlicher Grundlage, Köln 1978.

Zitiert als: *Dierdorf*, Herrschaft.

Diller, Martin

Nachträgliche Herabsetzung von Vorstandsvergütungen und -ruhegeldern nach dem VorstAG, in: NZG 2009, S. 1006 – 1009.

Drygala, Tim

Zuwendungen an Unternehmensorgane bei Umwandlungen und Übernahmen – unethisch, aber wirksam?, in: Bitter, Georg u.a. (Hrsg.): Festschrift für Karsten Schmidt zum 70. Geburtstag, Köln 2009, S. 269 – 288.

Zitiert als: *Drygala*, FS Schmidt.

Ebke, Werner F.

Management Buy-Outs, in: ZHR 1991, S. 132 – 162.

Ehricke, Ulrich
Ekkenga, Jens
Oechsler, Juergen

Wertpapiererwerbs- und Übernahmegesetz, Kommentar, München 2003.

Zitiert als: Ehricke/Ekkenga/Oechsler-*Bearbeiter*.

Eidenmüller, Horst

Der homo oeconomicus und das Schuldrecht: Herausforderungen durch Behavioral Law and Economics, in: JZ 2005, S. 216 – 224.

Ellrott, Helmuth

Siehe Beck'scher Bilanz-Kommentar.

Emmerich, Volker
Habersack, Mathias

Aktien- und GmbH-Konzernrecht, 6. Auflage, München 2010.

Zitiert als: Emmerich/Habersack-*Bearbeiter*.

Fastrich, Lorenz

Golden Parachutes und sonstige Landehilfen, in: Lorenz, Stephan u.a. (Hrsg.): Festschrift für Andreas Heldrich zum 70. Geburtstag, München 2005, S. 143 – 164.

Zitiert als: *Fastrich*, FS Heldrich.

Fleischer, Holger

Siehe Handbuch des Vorstandsrechts.

Idem	Zur organschaftlichen Treuepflicht der Geschäftsleiter im Aktien- und GmbH-Recht, in: WM 2003, S. 1045 – 1058.
Idem	Zur Angemessenheit der Vorstandsvergütung im Aktienrecht, in: DStR 2005, S. 1279 – 1283.
Idem	Zur Unveräußerlichkeit der Leitungsmacht im deutschen, englischen und US-amerikanischen Aktienrecht, in: Grundmann, Stefan u.a. (Hrsg.): Festschrift für Eberhard Schwark zum 70. Geburtstag, München 2009, S. 137 – 155.
	Zitiert als: *Fleischer*, FS Schwark.
Fonk, Hans-Joachim	Die Zulässigkeit von Vorstandsbezügen dem Grunde nach, in: NZG 2005, S. 248 – 254.
Idem	Zur Vertragsgestaltung bei Vorstandsdoppelmandaten, in: NZG 2010, S. 368 – 374.
Frankfurter Kommentar zum WpÜG	Haarmann, Wilhelm/ Schüppen, Matthias (Hrsg.): Frankfurter Kommentar zum Wertpapiererwerbs- und Übernahmegesetz, 3. Auflage, Frankfurt 2008.
	Zitiert als: Haarmann/Schüppen-*Bearbeiter*.
Friedrichsen, Sönke	Aktienoptionsprogramme für Führungskräfte, Köln 2000.
	Zitiert als: *Friedrichsen*, Aktienoptionsprogramme.
Goette, Wulf	Zur Orientierung der Vorstandsvergütung an der Lage der Muttergesellschaft, in: Grundmann, Stefan u.a. (Hrsg.): Festschrift für Klaus J. Hopt zum 70. Geburtstag am 24. August 2010, Unternehmen, Markt und Verantwortung, Band 1, Berlin 2010, S. 689 – 701.
	Zitiert als: *Goette*, FS Hopt.
Idem **Habersack**, Mathias	Siehe Münchener Kommentar zum Aktiengesetz, Band 2.
Eidem	Siehe Münchener Kommentar zum Aktiengesetz, Band 4.
Eidem	Siehe Münchener Kommentar zum Aktiengesetz, Band 5.
Götze, Thomas	Aktienoptionen für Vorstandsmitglieder und Aktionärsschutz, Baden-Baden 2001.
	Zitiert als: *Götze*, Aktienoptionen.
Groh, Manfred	Shareholder Value und Aktienrecht, in: DB 2000, S. 2153 – 2158.

VII

Großfeld, Bernhard

Aktiengesellschaft, Unternehmenskonzentration und Kleinaktionär, Tübingen 1968.

Zitiert als: *Großfeld*, Aktiengesellschaft.

Großkommentar
zum Aktiengesetz

Hopt, Klaus J./ Wiedemann, Herbert (Hrsg.):
Aktiengesetz Großkommentar,
Dritter Band: §§ 76 – 94, 4. Auflage, Berlin 2008.
Fünfter Band: §§ 118 – 149, 4. Auflage, Berlin 2008.
Sechster Band: §§ 150 – 220, 4. Auflage, Berlin 2006.
Achter Band: §§ 241 – 255, 4. Auflage, Berlin 1996.

Zitiert als: Großkomm-*Bearbeiter*.

Haarmann, Wilhelm
Schüppen, Matthias

Siehe Frankfurter Kommentar zum WpÜG.

Habersack, Mathias

Die Einbeziehung des Tochtervorstands in das Aktienoptionsprogamm der Muttergesellschaft – ein Problem der §§ 311 ff. AktG?, in: Damm, Reinhard u.a. (Hrsg.): Festschrift für Thomas Raiser zum 70. Geburtstag am 20. Februar 2005, Berlin 2005, S. 111 – 128.

Zitiert als: *Habersack*, FS Raiser.

Idem

Anmerkung zu OLG München, Urteil vom 7.5.2008 – 7 U 5618/07, in: NZG 2008, S. 634 – 635.

**Handbuch des Vor-
standsrechts**

Fleischer, Holger (Hrsg.): Handbuch des Vor-standsrechts, München 2006.

Zitiert als: Hdb/Vorstandsrecht-*Bearbeiter*.

**Handbuch Unterneh-
menskauf**

Hölters, Wolfgang (Hrsg.): Handbuch Unterneh-menskauf, 7. Auflage, Köln 2010.

Zitiert als: Hdb/Unternehmenskauf-*Bearbeiter*.

Heidel, Thomas

„Wes Brot ich ess, des Lied ich sing" – Vergütung von Vorständen nach dem Erfolg des Konzerns: Anknüpfungspunkt für strafrechtliche Haftung?, in: Hiebl, Stefan u.a. (Hrsg.): Festschrift für Volkmar Mehle zum 65. Geburtstag am 11.11.2009, Baden-Baden 2009, S. 247 – 260.

Zitiert als: *Heidel*, FS Mehle.

Idem

Aktienrecht und Kapitalmarktrecht, Kommentar, 3. Auflage, Baden-Baden 2011.

Zitiert als: Heidel-*Bearbeiter*.

Hirte, Heribert **Bülow**, Christoph von	Siehe Kölner Kommentar zum WpÜG.
Hoffmann-Becking, Michael	Siehe Münchener Handbuch AG.
Idem	Vorstands-Doppelmandate im Konzern, in: ZHR 1986, 570 – 584.
Idem	Gestaltungsmöglichkeiten bei Anreizsystemen, in: NZG 1999, S. 797 – 804.
Idem	Rechtliche Anmerkungen zur Vorstands- und Aufsichtsratsvergütung, in: ZHR 2005, S. 155 – 180.
Hohaus, Benedikt **Inhester**, Michael	Gewährung von Transaktionsboni in M&A Prozessen durch einen Aktionär, in: JUVE Handbuch 2007/2008, Wirtschafskanzleien, S. 214 – 215. Online abrufbar unter: http://www.pplaw.com/_downloads/publications/2 008/BHo-IM-2008-JUVE-Gewaehrung- Transaktionsboni.pdf. Zitiert als: *Hohaus/Inhester*, Juve/Hdb 2007/2008.
Hohaus, Benedikt **Koch-Schulte**, Barbara	Manager in Private-Equity-Transaktionen, in: Birk, Dieter (Hrsg.): Transaktionen, Vermögen, Pro Bono, Festschrift zum zehnjährigen Bestehen von P+P Pöllath + Partners, München 2008, S. 93 -114. Zitiert als: *Hohaus/Koch-Schulte*, FS P+P.
Hohaus, Benedikt **Weber**, Christoph	Aktuelles zu Managementbeteiligungen in Private Equity Transaktionen 2007/2008, in: BB 2008, S. 2358 – 2363.
Eidem	Gesellschaftsrechtliche Probleme bei der Gewäh- rung von Transaktionsboni durch einen Aktionär, in: DStR 2008, S. 104 – 110.
Hohenstatt, Klaus- Stefan **Seibt**, Christoph H. **Wagner**, Tobias	Einbeziehung von Vorstandsmitgliedern in ergebnisabhängige Vergütungssysteme von Konzernobergesellschaften, in: ZIP 2008, S. 2289 – 2296.
Hölters, Wolfgang	Siehe Handbuch Unternehmenskauf.
Idem	Aktiengesetz Kommentar, München 2011. Zitiert als: Hölters-*Bearbeiter*.
Holzapfel, Hans-Joachim **Pöllath**, Reinhard	Unternehmenskauf in Recht und Praxis, 13. Auflage, Köln 2008. Zitiert als: *Holzapfel/Pöllath*, Unternehmenskauf.

Hommelhoff, Peter	Vorstandsbezüge in der Konzerntochter, in: Habersack, Mathias/ Hommelhoff, Peter (Hrsg.): Festschrift für Wulf Goette zum 65. Geburtstag, München 2011, S. 169 – 177.
	Zitiert als: *Hommelhoff*, FS Goette.
Hopt, Klaus J.	Aktionärskreis und Vorstandsneutralität, in: ZGR 1993, S. 534 – 566.
Idem	Verhaltenspflichten des Vorstands der Zielgesellschaft bei feindlichen Übernahmen, in: Schneider, Uwe H. u.a. (Hrsg.): Festschrift für Marcus Lutter zum 70. Geburtstag, Köln 2000, S. 1361 – 1400.
	Zitiert als: *Hopt*, FS Lutter.
Idem	Übernahmen, Geheimhaltung und Interessenkonflikte: Probleme für Vorstände, Aufsichtsräte und Banken, in: ZHR 2002, S. 383 – 432.
Idem **Wiedemann**, Herbert	Siehe Großkommentar zum Aktiengesetz.
Hüffer, Uwe	Informationen zwischen Tochtergesellschaft und herrschendem Unternehmen im vertraglosen Konzern, in: Grundmann, Stefan u.a. (Hrsg.): Festschrift für Eberhard Schwark zum 70. Geburtstag, München 2009, S. 185 – 198.
	Zitiert als: *Hüffer*, FS Schwark.
Idem	Kurzkommentar zum Aktiengesetz, 9. Auflage, München 2010.
	Zitiert als: *Hüffer*.
Jensen, Michael C. **Meckling**, William H.	Theory of a Firm: Managerial Behavior, Agency Costs and Ownership Structure, in: Journal of Financial Economics 1976, S. 305 – 360.
Jooß, Alexander	Die Drittanstellung des Vorstandsmitglieds einer Aktiengesellschaft, Stuttgart 2010.
	Zitiert als: *Jooß*, Drittanstellung.
Kallmeyer, Harald	Aktienoptionspläne für Führungskräfte im Konzern, in: AG 1999, S. 97 – 103.
Käpplinger, Markus	Inhaltskontrolle von Aktienoptionsplänen, Baden-Baden 2003.
	Zitiert als: *Käpplinger*, Kontrolle.
Kiem, Roger	Investorenvereinbarungen im Lichte des Aktien- und Übernahmerechts, in: AG 2009, S. 301 – 312.
Kircher, Jörg **Iversen**, Malte	Rechtliche Hürden beim außerbörslichen Verkauf eines Aktienpakets, in: NZG 2008, S. 921 – 925.

Kleinholz, Rainer	Tantiemen als Anreize einer kontinuierlichen Unternehmensentwicklung, in: ZfB 1991, S. 259 – 268.
Klöhn, Lars	Interessenkonflikte zwischen Aktionären und Gläubigern der Aktiengesellschaft im Spiegel der Vorstandspflichten, in: ZGR 2008, S. 110 – 158.
Kölner Kommentar zum Aktiengesetz	Zöllner, Wolfgang/ Noack, Ulrich (Hrsg.): Kölner Kommentar zum Aktiengesetz, Band 2/1: §§ 76 – 94, 3. Auflage, Köln 2010. Band 3/1: § 161, 3. Auflage, Köln 2006. Band 6: §§ 15 – 22, §§ 291 – 328, 3. Auflage, Köln 2004. *Zitiert als: KK-Bearbeiter.*
Kölner Kommentar zum WpÜG	Hirte, Heribert/ Bülow, Christoph von (Hrsg.): Kölner Kommentar zum WpÜG, 2. Auflage, Köln 2010. *Zitiert als: KK/WpÜG-Bearbeiter.*
Koppensteiner, Hans-Georg	„Faktischer Konzern" und Konzentration, in: ZGR 1973, S. 1 – 23.
Kort, Michael	Das „Mannesmann"-Urteil im Lichte von § 87 AktG, in: NJW 2005, S. 333 – 336.
Krause, Hartmut	Das neue Übernahmerecht, in: NJW 2002, S. 705 – 716.
Kronstein, Heinrich	Die Anwendbarkeit der §§ 311 ff. AktG über die Verantwortlichkeit im „faktischen Konzern" bei mehrstufigen Unternehmensverbindungen, in: BB 1967, S. 637 – 644.
Idem	Aktienrechtliche und Wettbewerbsrechtliche Aspekte der Konzentration, in: Ballerstedt, Kurt/ Hefermehl, Wolfgang (Hrsg.): Festschrift für Ernst Geßler zum 65. Geburtstag am 5. März 1970, München 1971, S. 219 – 226. *Zitiert als: Kronstein, FS Geßler.*
Kropff, Bruno **Semler**, Johannes	Siehe Münchener Kommentar zum Aktiengesetz, Band 5/1.
Kübler, Friedrich	Shareholder Value: Eine Herausforderung fürs deutsche Recht?, in: Lieb, Manfred u.a. (Hrsg.): Festschrift für Wolfgang Zöllner zum 70. Geburtstag, Handels-, Gesellschafts- und Wirtschaftsrecht, Band II, S. 321 – 336. *Zitiert als: Kübler, FS Zöllner.*

Kuhner, Christoph

Unternehmensinteresse vs. Shareholder Value als Leitmaxime kapitalmarktorientierter Aktiengesellschaften, in: ZGR 2004, S. 244 – 279.

Lange, Oliver

Rechtliche Risiken der Incentivierung des Vorstands beim Unternehmenskauf, in: Birk, Dieter u.a. (Hrsg.): Forum Unternehmenskauf 2004, S. 115 – 140.

Zitiert als: *Lange*, Forum Unternehmenskauf 2004.

Leuering, Dieter
Simon, Stefan

Offene Fragen zur Offenlegung der Vorstandsvergütung, in: NZG 2005, S. 945 – 950.

Lindermann, Edgar

Doppelmandat gleich Haftungsdurchgriff?, in: AG 1987, S. 225 – 239.

Lutter, Marcus

Aktienoptionen für Führungskräfte – de lege lata und de lege ferenda, in: ZIP 1997, S. 1 – 9.

Idem

Treuepflichten und ihre Anwendungsprobleme, in: ZHR 1998, S. 164 – 185.

Idem

Corporate Governance und ihre aktuellen Probleme, vor allem: Vorstandsvergütung und ihre Schranken, in: ZIP 2003, S. 737 – 743.

Idem
Krieger, Gerd

Rechte und Pflichten des Aufsichtsrats, 5. Auflage, Köln 2008.

Zitiert als: *Lutter/Krieger*, Aufsichtsrat.

Manz, Gerhard
Mayer, Barbara
Schröder, Albert

Die Aktiengesellschaft, Umfassende Erläuterungen, Beispiele und Musterformulare für die Rechtspraxis, 6. Auflage, Freiburg 2010.

Zitiert als: Manz/Mayer/Schröder-*Bearbeiter*.

Marsch-Barner,
Reinhard

Aktuelle Rechtsfragen zur Vergütung von Vorstands- und Aufsichtsratsmitgliedern einer AG, in: Crezelius, Georg u.a. (Hrsg.): Festschrift für Volker Röhricht zum 65. Geburtstag, Köln 2005, S. 401 – 419.

Zitiert als: *Marsch-Barner*, FS Röhricht.

Idem
Schäfer, Frank A.

Handbuch börsennotierte AG, Aktien- und Kapitalmarktrecht, Köln 2005.

Zitiert als: Marsch-Barner/Schäfer-*Bearbeiter*.

Martens, Klaus-Peter

Stand und Entwicklung im Recht der Stock-Options, in: Habersack, Mathias u.a. (Hrsg.): Festschrift für Peter Ulmer zum 70. Geburtstag am 2. Januar 2003, Berlin 2003, S. 399 – 418.

Zitiert als: *Martens*, FS Ulmer.

Mayer-Uellner, Richard	Zur Zulässigkeit finanzieller Leistungen Dritter an die Mitglieder des Vorstands, in: AG 2011, S. 193 – 201.
Mecke, Thomas	Konzernstruktur und Aktionärsentscheid, Baden-Baden 1992. Zitiert als: *Mecke*, Konzernstruktur.
Mülbert, Peter O.	Shareholder Value aus rechtlicher Sicht, in: ZGR 1997, S. 129 – 172.
Münchener Handbuch AG	Hoffmann-Becking, Michael (Hrsg.): Münchener Handbuch des Gesellschaftsrechts, Band 4: Aktiengesellschaft, 3. Auflage, München 2007. Zitiert als: MünchHdb/AG-*Bearbeiter.*
Münchener Kommentar zum Aktiengesetz	Münchener Kommentar zum Aktiengesetz, Band 2: §§ 76 – 117, 3. Auflage, München 2008. Band 4: §§ 179 – 277, 3. Auflage, München 2011. Band 5: §§ 278 – 328, 3. Auflage, München 2010. Band 5/1: §§ 161 – 178, 2. Auflage, München 2003. Zitiert als· MüKo-*Bearbeiter.*
Pape, Ulrich	Theoretische Grundlagen und praktische Umsetzung wertorientierter Unternehmensführung, in: DB 2000, S. 711 – 717.
Passarge, Malte	Vorstands-Doppelmandate – ein nach wie vor aktuelles Thema!, in: NZG 2007, S. 441 – 444.
Peltzer, Martin	Rechtliche Problematik der Finanzierung des Unternehmenskaufs beim MBO, in: DB 1987, S. 973 – 978.
Idem	Hostile Takeovers in der Bundesrepublik Deutschland, in: ZIP 1989, S. 69 – 77.
Idem	Deutsche Corporate Governance – Ein Leitfaden, 2. Auflage, München 2004. Zitiert als: *Peltzer*, Leitfaden.
Pöllath, Reinhard	Unternehmenskauf: Ordnungsgemäße Ausschreibung und Bietung als Richtigkeitsgewähr wirtschaftlicher und rechtlicher Konditionen des Unternehmenskaufs, in: Hommelhoff, Peter u.a. (Hrsg.): Festschrift für Welf Müller zum 65. Geburtstag, München 2001, S. 833 – 866. Zitiert als: *Pöllath*, FS Müller.

Idem	How to manage Management Incentives, in: Private Equity Lawyers, IFLR Expert Guides 2005, S. 57 – 58. Online abrufbar unter: http://www.pplaw.com/_downloads/publications/2 005/0504_IFLR_PE_Lawyers_Poellath.pdf. Zitiert als: *Pöllath*, Incentives.
Idem	Corporate Governance und Unternehmenskauf, in: Moll, Wilhelm (Hrsg.): Festschrift für Hans-Jochem Lüer zum 70. Geburtstag, München 2008, S. 571 – 594. Zitiert als: *Pöllath*, FS Lüer.
Raisch, Peter	Zum Begriff und zur Bedeutung des Unternehmensinteresses als Verhaltensmaxime von Vorstands- und Aufsichtsratsmitgliedern, in: Fischer, Robert u.a. (Hrsg.): Strukturen und Entwicklungen im Handels-, Gesellschafts-, und Wirtschaftsrecht, Festschrift für Wolfgang Hefermehl zum 70. Geburtstag, München 1976, S. 347 – 364. Zitiert als: *Raisch*, FS Hefermehl.
Raiser, Thomas **Veil**, Rüdiger	Recht der Kapitalgesellschaften, 5. Auflage, München 2010. Zitiert als: *Raiser/Veil*, Kapitalgesellschaften.
Rappaport, Alfred	Shareholder Value: Ein Handbuch für Manager und Investoren, 2. Auflage, Stuttgart 1998. Zitiert als: *Rappaport*, Shareholder Value.
Reichert, Jochem **Balke**, Michaela	Die Berücksichtigung von Konzernzielen bei der variablen Vergütung des Vorstands einer abhängigen Gesellschaft im faktischen Konzern, in: Hoffmann-Becking, Michael (Hrsg.): Festschrift für Hans-Jürgen Hellwig zum 70. Geburtstag, Köln 2010, S. 285 – 292. Zitiert als: *Reichert/Balke*, FS Hellwig.
Reuter, Dieter	Die Personengesellschaft als abhängiges Unternehmen, in: ZHR 1982, S. 1 – 29.
Rhein, Tilman	Der Interessenkonflikt der Manager beim Management Buy-Out, München 1996. Zitiert als: *Rhein*, Interessenkonflikt.
Ringleb, Henrik-Michael **Kremer**, Thomas **Lutter**, Marcus **Werder**, Axel von	Kommentar zum Deutschen Corporate Governance Kodex, 4. Auflage, München 2010. Zitiert als: Ringleb/Kremer/Lutter/v.Werder-*Bearbeiter*.

Röder, Gerhard **Lingemann**, Stefan	Schicksal von Vorstand und Geschäftsführer bei Unternehmensumwandlungen und Unternehmensveräußerungen, in: DB 1993, S. 1341 – 1350.
Säcker, Franz Jürgen	Zur Problematik von Mehrfachfunktionen im Konzern, in: ZHR 1987, S. 59 – 71.
Schilling, Wolfgang	Das Aktienunternehmen, in: ZHR 1980, S. 136 – 144.
Schmidt, Georg	Anreiz und Steuerung in Unternehmenskonglomeraten, Wiesbaden 1990. Zitiert als: *Schmidt*, Unternehmenskonglomerate.
Schmidt, Karsten	Gesellschaftsrecht, 4. Auflage, Köln 2002. Zitiert als: *Schmidt*, Gesellschaftsrecht.
Idem **Lutter**, Marcus	Aktiengesetz Kommentar, I. Band: §§ 1 – 149, 2. Auflage, Köln 2010. II. Band: §§ 150 – 410, 2. Auflage, Köln 2010. Zitiert als: Schmidt/Lutter-*Bearbeiter.*
Schmidt, Reinhard H. **Spindler**, Gerald	Shareholder-Value zwischen Ökonomie und Recht, in· Assmann, Heinz-Dieter u.a. (Hrsg.): Freundesgabe für Friedrich Kübler zum 65. Geburtstag, Wirtschafts- und Medienrecht in der offenen Demokratie, Heidelberg 1997, S. 515 – 555. Zitiert als: *Schmidt/Spindler*, FS Kübler.
Schneider, Dieter	Wachstumsneutrale Unternehmensbesteuerung bei Wettbewerb und als Principal-Agent-Problem, in: ZfbF 1987, S. 431 – 454.
Schneider, Uwe H.	Aktienoptionen als Bestandteil der Vergütung von Vorstandsmitgliedern, in: ZIP 1996, S. 1769 – 1776.
Schüller, Annette M.	Vorstandsvergütung: Gesellschaftsrechtliche Fragen der Vergütung des Vorstands in einer börsennotierten Aktiengesellschaft, Baden-Baden 2002. Zitiert als: *Schüller*, Vorstandsvergütung.
Schüppen, Matthias	Übernahmegesetz ante portas! – Zum Regierungsentwurf eines „Gesetzes zur Regelung von öffentlichen Angeboten und zum Erwerb von Wertpapieren und von Unternehmensübernahmen", in: WPg 2001, S. 958 – 976.

Idem	Transaction-Boni für Vorstandsmitglieder der Zielgesellschaft: Business Judgement oder strafbare Untreue?, in: Sieber, Ulrich u.a. (Hrsg.): Strafrecht und Wirtschaftsstrafrecht, Festschrift für Klaus Tiedemann zum 70. Geburtstag, München 2008, S. 749 – 766. Zitiert als: *Schüppen*, FS Tiedemann.
Idem **Schaub**, Bernhard	Münchener Anwalts Handbuch, Aktienrecht, 2. Auflage, München 2010. Zitiert als: Schüppen/Schaub-*Bearbeiter*.
Seibert, Ulrich	Stock Options für Führungskräfte – zur Regelung im Kontrolle- und Transparenzgesetz (KonTraG), in: Pellens, Bernhard (Hrsg.): Unternehmenswertorientierte Entlohnungssysteme, Stuttgart 1998, S. 29 – 52. Zitiert als: *Seibert*, Entlohnungssysteme.
Semler, Johannes	Doppelmandats-Verbund im Konzern – Sachgerechte Organisationsform oder rechtlich unzulässige Verflechtung?, in: Lutter, Marcus u.a. (Hrsg.): Festschrift für Ernst C. Stiefel zum 80. Geburtstag, München 1987, S. 719 – 762. Zitiert als: *Semler*, FS Stiefel.
Idem	Leistungs- und erfolgsbezogene Vorstandsvergütungen, in: Förschle, Gerhart u.a. (Hrsg.): Rechenschaftslegung im Wandel, Festschrift für Wolfgang Dieter Budde, München 1995, S. 599 – 614. Zitiert als: *Semler*, FS Budde.
Idem	Vom Gesellschaftsrecht zum Unternehmensrecht, in: Schmidt, Karsten/ Schwark, Eberhard (Hrsg.): Unternehmen, Recht und Wirtschaftsordnung, Festschrift für Peter Raisch zum 70. Geburtstag, Köln 1995, S. 291 – 308. Zitiert als: *Semler*, FS Raisch.
Idem **Schenck**, Kersten von	Arbeitshandbuch für Aufsichtsratsmitglieder, 3. Auflage, München 2009. Zitiert als: Semler/v. Schenck-*Bearbeiter*.
Semler, Johannes **Volhard**, Rüdiger	Arbeitshandbuch für Unternehmensübernahmen, Band 1, München 2001. Zitiert als: Semler/Volhard-*Bearbeiter*.

Smith, Adam	Der Wohlstand der Nationen: eine Untersuchung seiner Natur und seiner Ursachen, 5. Auflage, München 1974. Zitiert als: *Smith*, Wohlstand der Nationen.
Spindler, Gerald	Vergütung und Abfindung von Vorstandsmitgliedern, in: DStR 2004, S. 36 – 45.
Idem	Konzernbezogene Anstellungsverträge und Vergütungen von Organmitgliedern, in: Bitter, Georg u.a. (Hrsg.): Festschrift für Karsten Schmidt zum 70. Geburtstag, Köln 2009, S. 1529 – 1550. Zitiert als: *Spindler*, FS Schmidt.
Idem	Prämien und Leistungen an Vorstandsmitglieder bei Unternehmenstransaktionen, in: Grundmann, Stefan u.a. (Hrsg.): Festschrift für Klaus J. Hopt zum 70. Geburtstag am 24. August 2010, Unternehmen, Markt und Verantwortung, Band 1, Berlin 2010, S. 1407 – 1430. Zitiert als: *Spindler*, FS Hopt.
Idem	Gutachten zur Frage der Zulässigkeit von Drittanstellungsverträgen und drittbezogenen Vergütungen, insbesondere im Konzern, Auftrag der Hans-Böckler-Stiftung, Göttingen 2010. Online abrufbar unter: http://www.boeckler.de/pdf/mbf_gutachten_drittan stellungsvertraege_gs.pdf. Zitiert als: *Spindler*, Gutachten.
Idem **Stilz**, Eberhard	Kommentar zum Aktiengesetz, Band 1: §§ 1 – 149, 2. Auflage, München 2010. Band 2: §§ 150 – 410, 2. Auflage, München 2010. Zitiert als: Spindler/Stilz-*Bearbeiter*.
Spremann, Klaus	Asymmetrische Information, in: ZfB 1990, S. 561 – 586.
Steinmeyer, Roland **Häger**, Michael	WpÜG: Wertpapiererwerbs- und Übernahmegesetz, Kommentar, 2. Auflage, Berlin 2007. Zitiert als: Steinmeyer/Häger-*Bearbeiter*.
Theobald, Wolfgang	Drittanstellung von Vorstandsmitgliedern in der Aktiengesellschaft, in: Damm, Reinhard u.a. (Hrsg.): Festschrift für Thomas Raiser zum 70. Geburtstag am 20. Februar 2005, Berlin 2005, S. 421 – 437. Zitiert als: *Theobald*, FS Raiser.

Thüsing, Gregor

Auf der Suche nach dem iustum pretium der Vorstandstätigkeit, in: ZGR 2003, S. 457 – 507.

Traugott, Rainer
Grün, Regina

Finanzielle Anreize für Vorstände börsennotierter Aktiengesellschaften bei Private Equity-Transaktionen, in: AG 2007, S. 761 – 770.

Tröger, Tobias

Anreizorientierte Vorstandsvergütung im faktischen Konzern, in: ZGR 2009, S. 447 – 473.

Vetter, Eberhard

Begrenzung der Vorstandsbezüge durch Hauptversammlungsbeschluss?, in: ZIP 2009, S. 1307 – 1309.

Vollmer, Lothar

Die Gewinnbeteiligung von konzernleitenden Vorstandsmitgliedern, in: Hübner, Ulrich/ Ebke, Werner: Festschrift für Bernhard Großfeld zum 65. Geburtstag, Heidelberg 1999, S. 1269 – 1283.

Zitiert als: *Vollmer*, FS Großfeld.

Waldhausen, Stephan
Schüller, Michael

Variable Vergütung von Vorständen und weiteren Führungskräften im AG-Konzern, in: AG 2009, S. 179 – 186.

Weber, Christoph

Transaktionsboni für Vorstandsmitglieder: Zwischen Gewinnchance und Interessenkonflikt, Berlin 2006.

Zitiert als: *Weber*, Transaktionsboni.

Weihe, Ronald

Interessenkonflikte zwischen Unternehmensverkäufer und Management, Wiesbaden 2003.

Zitiert als: *Weihe*, Interessenkonflikte.

Weilenmann, Paul

Dezentrale Führung: Leistungsbeurteilung und Verrechnungspreise, in: ZfB 1989, S. 932 – 956.

Werder, Axel von

Shareholder Value-Ansatz als (einzige) Richtschnur des Vorstandshandelns?, in: ZGR 1998, S. 69 – 91.

Wimmer-Leonhardt, Susanne

Konzernhaftungsrecht, Tübingen 2004.

Zitiert als: *Wimmer-Leonhardt*, Konzernhaftungsrecht.

Winter, Stefan

Prinzipien der Gestaltung von Managementanreizsystemen, Wiesbaden 1996.

Zitiert als: *Winter*, Prinzipien.

Wollburg, Ralph

Unternehmensinteresse bei Vergütungsentscheidungen, in: ZIP 2004, S. 646 – 658.

Würdinger, Hans

Betrachtungen zum faktischen Konzern, in: DB 1973, S. 45 – 48.

Zitzewitz, Jens   Konzernrechtliche Probleme bei Stock Options, in: NZG 1999, S. 698 – 706.

Idem   Stock Options: Aktienoptionspläne für Vorstand, Aufsichtsrat und Mitarbeiter im Gesellschafts-, Konzern-, Arbeits-, Kapitalmarkt-, Bilanz- und Steuerrecht, Frankfurt 2003.

Zitiert als: *Zitzewitz*, Stock Options.

Zöllner, Wolfgang   Unternehmensinnenrecht: Gibt es das?, in: AG 2003, S. 2 – 12.

Idem
Noack, Ulrich   Siehe Kölner Kommentar zum Aktiengesetz.

A. Einleitung

„Von den Direktoren einer solchen [Aktien]Gesellschaft, die ja bei weitem eher das Geld anderer Leute verwalten, kann man daher nicht gut erwarten, daß sie es mit der gleichen Sorgfalt einsetzen und überwachen würden, wie es die Partner einer privaten Handelsgesellschaft mit dem eigenen zu tun pflegen. Daher müssen Nachlässigkeit und Verschwendung in der Geschäftsführung einer solchen Gesellschaft stets mehr oder weniger vorherrschen. "   *- Adam Smith (1776)* [1] -

Wie bereits bei *Adam Smith* angeklungen, ist das Verhalten von Vorständen in den letzen Jahren verstärkt zum Gegenstand öffentlicher Diskussion sowie wissenschaftlicher Erörterung geworden. Den Anlass dafür bilden mehrere schlagzeilenträchtige Skandale,[2] sowie das steigende Interesse an Aktien in allen Bevölkerungsschichten. Vor dem Hintergrund dieser Skandale nehmen gleichzeitig die Fragen zu, wie Vorstände zukünftig effektiver kontrolliert werden können. Als eine erste Antwort auf diese Fragen sind insbesondere die Bildung der Regierungskommission Corporate Governance und die Schaffung des Corporate Governance Kodex im Jahre 2002 zu nennen. Gleichzeitig ist auch der Gesetzgeber in den letzten Jahren in immer kürzeren Abständen tätig geworden.[3] Damit ist nicht zuletzt der Versuch verbunden, die gesetzlichen Regelungen hinsichtlich der Kontrolle und Haftung von Vorständen weiter zu verschärfen. Diese Maßnahmen reichen jedoch für die Disziplinierung des Managements häufig noch nicht aus.

Daher sind die Aktionäre vielfach zur anreizorientierten Vergütung von Vorstandsmitgliedern übergegangen, um den Vorstand auf diese Weise am unternehmerischen Risiko zu beteiligen oder zumindest die divergierenden Interessen zu einem Gleichlauf zu führen. Insbesondere im Rahmen von größeren Unternehmenstransaktionen kommt es dabei häufig vor, dass Aktionäre Bonuszahlungen ausloben, um die Unsicherheiten zu überwinden, denen die Anteilseigner und das Management in solchen Phasen der Veränderung ausgesetzt sind. Erstaunlich ist allerdings, dass angesichts der Verbreitung dieses Phänomens bislang noch kaum Stellungnahmen in Literatur und Rechtsprechung existieren, zumal solche sogenannten „Drittvergütungen"[4] komplexe Rechtsfragen hinsichtlich grundlegender Prinzipien des Aktienrechts aufwerfen: So ist der Vorstand einer AG

---

[1]   *Smith*, Wohlstand der Nationen, Buch 5, Kapitel 1, Teil 3, Art. 1 (Paragraph V.1.107).
[2]   Insbesondere sind in diesem Kontext die Fälle *Enron* und *Mannesmann* zu erwähnen.
[3]   Siehe dazu nur: KonTraG, NaStraG, TransPuG, UMAG, VorstOG, ARUG und VorstAG.
[4]   **Definition:** Drittvergütungen sind alle Vergütungen, die dem Vorstand nicht von der Gesellschaft selbst, sondern von Dritten (insbesondere von Aktionären) gewährt werden.

gemäß § 76 Abs. 1 AktG dazu verpflichtet, diese unabhängig und im Interesse der Gesellschaft zu leiten. Eine Weisungsabhängigkeit ist im Gegensatz zur GmbH (§§ 37, 45 GmbHG) gerade nicht vorgesehen. Gleichzeitig greift der Aktionär durch die Vergütung des Vorstands möglicherweise in die ansonsten allein dem Aufsichtsrat zustehende Vergütungskompetenz (§ 87 Abs. 1 AktG) ein. Diese Konflikte sollen zum Anlass genommen werden, einen unverstellten Blick auf die Frage zu werfen, ob und unter welchen Voraussetzungen dem Vorstand einer Aktiengesellschaft im Zusammenhang mit seiner Vorstandstätigkeit finanzielle Zuwendungen durch Dritte, insbesondere durch Aktionäre, gewährt werden dürfen.

Dazu soll die Ursache der Drittvergütung zunächst anhand des übergeordneten Strukturprinzips der Principal-Agent-Problematik veranschaulicht werden (B). Daran anschließend wird die rechtliche Zulässigkeit der Drittvergütung des Vorstands innerhalb der unabhängigen Aktiengesellschaft herausgearbeitet (C), sodass die dort gewonnenen Erkenntnisse für die Sonderkonstellation des Konzerns fruchtbar gemacht werden können (D). Um das Bedürfnis für Drittvergütungen in der Praxis deutlich zu machen, wird dabei jeweils zunächst die Interessenlage der beteiligten Parteien herausgearbeitet (C I / D II), um nach einem kurzen Überblick über den aktuellen Meinungsstand (C II / D III) sodann auf die rechtlichen Probleme einzugehen, die das Instrument der Drittvergütung hervorruft (C III / D IV).

B. Ursache der Drittvergütung: Die Principal-Agent-Problematik

Eine Agency-Situation liegt nach der weitesten Definition dann vor, wenn eine Person (Agent) Handlungen vornimmt oder Entscheidungen trifft, deren Konsequenzen nicht allein sie selbst, sondern auch andere (die Prinzipale) betreffen.[5] Weil der Agent seinen Handlungsspielraum im Regelfall im eigenen Interesse nutzen wird, besteht dabei die Gefahr, dass er bei seinen Entscheidungen die Interessen der Prinzipale außer Acht lässt. Wirklich problematisch wird diese Situation jedoch erst dann, wenn dem Prinzipal unmittelbare Eingriffe in die Handlungen des Agenten verwehrt sind und ihm als Steuerungsinstrumente nur vertragliche Vereinbarungen oder gesetzliche Vorgaben zur Verfügung stehen.[6]

Wie es sich bereits im von *Berle* und *Means*[7] untersuchten Ursprungsmodell der US-amerikanischen Kapitalgesellschaft andeutet, stellt das Verhältnis von Managern (Agent) zu ihren Aktionären (Prinzipale) daher das Musterbeispiel für einen Principal-Agent-Konflikt dar. Liegen bei personalistisch strukturierten Gesellschaften die unternehmerische Entscheidungsmacht und das damit verbundene Risiko bei den Anteilseignern, so führt die Trennung von Eigentum und Kontrolle in der AG dazu, dass bei den Anteilseignern lediglich das unternehmerische Risiko verbleibt, während die Entscheidungsmacht auf den Vorstand übergeht.[8] Nach dem Verhaltensmodell des *homo oeconomicus,*[9] das dieser Theorie zugrunde liegt, wird der Vorstand die Handlungsalternative präferieren, aus der er selbst den größten Nutzen ziehen kann.[10] Diese Maximierung des Eigennutzens und das fehlende unternehmerische Risiko des Vorstands führen im Ergebnis dazu, dass Aktionär und Vorstand regelmäßig unterschiedliche Ziele verfolgen werden.[11]

Um diese Divergenzen zu überwinden, stehen dem Aktionär nach *Lutter* grundsätzlich zwei unterschiedliche Handlungsoptionen zur Verfügung, nämlich: „Zuckerbrot und Peitsche."[12] Eine unmittelbare Überwachung des Vorstands durch den einzelnen Aktionär („Peitsche") kommt im deutschen Aktienrecht

---

[5] *Jensen/Meckling*, Journal of Financial Economics 1976, 305 (309); siehe auch: *Arnold*, Vorstandshandeln, S. 13; *Götze*, Aktienoptionen, S. 49 f; *Weber*, Transaktionsboni, S. 45 ff.

[6] *Arnold*, Vorstandshandeln, S. 13; vgl. auch: *Schneider*, ZfbF 1987, 431 (447 ff.).

[7] *Berle/Means*, The Modern Corporation, S. 47 ff.

[8] *Berle/Means*, The Modern Corporation, S. 66; *Weber*, Transaktionsboni, S. 53.

[9] Grundlegend: *Becker*, Ökonomischer Ansatz, S. 167 ff; *Eidenmüller*, JZ 2005, 216 (217 ff.).

[10] *Jensen/Meckling*, Journal of Financial Economics 1976, 305 (308).

[11] *Arnold*, Vorstandshandeln, S. 51 ff; *Baums*, FS Claussen, 3 (7); *Berle/Means*, The Modern Corporation, S. 122 ff; *Spremann*, ZfB 1990, 561 (564); *Weber*, Transaktionsboni, S. 47.

[12] *Lutter*, ZIP 2003, 737 (737); siehe dazu auch: *Arnold*, Vorstandshandeln, S. 15 f.

aufgrund der Existenz des Aufsichtsrats, der gemäß § 111 Abs. 1 AktG selbst für die Überwachung zuständig ist, nicht in Betracht. Zwar könnte man aufgrund der Wahl des Aufsichtsrats durch die Hauptversammlung gemäß § 101 Abs. 1 Satz 1 AktG eine mittelbare Kontrollkompetenz der Aktionäre annehmen, jedoch wird dabei vernachlässigt, dass sich der Einfluss des einzelnen Aktionärs auf den Aufsichtsrat wegen dessen Weisungsunabhängigkeit in Grenzen halten wird und demnach zur Eindämmung des Agency-Konflikts noch nicht ausreichend ist.[13] Um dennoch einen Gleichlauf zwischen den eigenen Interessen und denen des Managements herzustellen, sehen sich die Aktionäre daher häufig gezwungen, auf die Variante des „Zuckerbrots" zurückzugreifen und den Vorstand durch die Auslobung finanzieller Anreize auf die eigene Zielkonzeption auszurichten. Der durch diese Drittvergütung des Aktionärs geschaffene Anreiz stellt demnach gewissermaßen das Antidot zum Gift des klassischen Principal-Agent-Konflikts in der AG dar.[14]

---

[13] *Baums*, ZIP 1995, 11 (12 ff.); *Buchta/van Kann*, DStR 2003, 1665 (1665 f.); *Götze*, Aktienoptionen, S. 50 f; *Thüsing*, ZGR 2003, 457 (475 ff.); *Weber*, Transaktionsboni, S. 57.
[14] *Tröger*, ZGR 2009, 447 (449); siehe dazu auch: *Adams*, ZIP 2002, 1325 (1330 f.); *Pape*, BB 2000, 711 (713); *Vollmer*, FS Großfeld, 1269 (1270); *Weber*, Transaktionsboni, S. 8.

C. Drittvergütung in einer unabhängigen Aktiengesellschaft

Im Folgenden soll zunächst die Rechtslage in einer unabhängigen AG untersucht werden. Das Problem der Drittvergütung stellt sich dabei in der Praxis vor allem im Zusammenhang mit Vergütungsanreizen, die dem Vorstand im Vorfeld von M&A Transaktionen gewährt werden.[15] Dies liegt daran, dass sich in der Transaktionsphase die bereits bestehenden Interessendivergenzen auf besonders prekäre Weise äußern: Aufgrund des bevorstehenden Verkaufs nimmt die Loyalität des Vorstands gegenüber dem verkaufswilligen Aktionär stetig ab und es kommt zu einer zunehmenden Orientierung an den Interessen des zukünftigen Gesellschafters (shift of management loyalty).[16] Um dieser Entwicklung entgegenzuwirken, kann es für den einzelnen Aktionär daher attraktiv sein, mittels Drittvergütung wieder einen Interessengleichlauf herzustellen.

I. Interessenlage der Parteien (am Beispiel einer M&A Transaktion)

Am Verkaufsverfahren eines Aktienpakets durch einen Großaktionär nehmen neben diesem vor allem drei weitere Interessenträger - nämlich die Mitglieder des Vorstands der Zielgesellschaft, die Bieter und die Zielgesellschaft selbst - teil. Im Folgenden sollen zur Veranschaulichung der Principal-Agent-Problematik die unterschiedlichen Interessenlagen der Parteien dargelegt werden, wobei die Interessen der Zielgesellschaft mangels Relevanz für Drittvergütungskonstellation keine weitere Berücksichtigung finden. Auch auf den horizontalen Interessengegensatz zwischen Großaktionär und außenstehenden Aktionären wird erst später im Konzern näher eingegangen, da dieser im dortigen Kontext verschärft auftritt.

1. Interessen des Großaktionärs

Der verkaufswillige Großaktionär will im Regelfall den größtmöglichen Verkaufserlös erzielen. Daneben wird der Verkäufer daran interessiert sein, möglichst viele Risiken auf den Käufer abzuwälzen, *ergo* möglichst wenige Garantien zu

---

[15] Hölters-*Weber*, § 87, Rn. 12; *Adams*, ZIP 2002, 1325 (1330 f.); *Drygala,* FS Schmidt, 269 (270); *Ebke*, ZHR 1991, 132 (146); *Lange*, Forum Unternehmenskauf 2004, 115 (116 ff.); *Pöllath*, FS Lüer, 571 (575); *Thüsing*, ZGR 2003, 457 (477); *Wollburg*, ZIP 2004, 646 (649).
[16] *Hohaus/Weber*, DStR 2008, 104 (104); *Holzapfel/Pöllath*, Unternehmenskauf, Rn. 40; *Pöllath*, FS Müller, 833 (843); *Weber*, Transaktionsboni, S. 64 f.

übernehmen.[17] Aus Sicht des Verkäufers ist dem Verkaufsverfahren jedoch das Risiko immanent, dass der Ausgang von den Vorstandsmitgliedern, die dem Ergebnis häufig nicht neutral gegenüberstehen, einseitig verfälscht wird. So ist er auf deren Kooperation insbesondere bei der Einschätzung des Synergiepotentials sowie der Beurteilung der Zukunftsperspektiven des Unternehmens angewiesen.[18] Um einer Manipulation durch das Management vorzubeugen, hat der Verkäufer demnach ein großes Interesse daran, die Unterstützung des Vorstands hinsichtlich eines für ihn optimalen Verkaufsergebnisses durch finanzielle Zugeständnisse, wie beispielsweise einer Drittvergütung, für sich zu gewinnen.

2. Interessen des potentiellen Käufers

Der Kaufinteressent will das angebotene Aktienpaket typischerweise zum bestmöglichen Preis/Risiko-Verhältnis erwerben.[19] Daher wird er bestrebt sein, die Vorstandsmitglieder der Zielgesellschaft als Verbündete zu gewinnen, zumal im Regelfall niemand die genauen Risiken besser kennt, als das Management.[20] Außerdem wird der Bieter daran interessiert sein, dass die Zielgesellschaft durch den Unternehmenskauf nicht beeinträchtigt wird. Sofern die Vorstandsmitglieder dank ihrer Qualifikation und Erfahrung zu den wertgebenden Faktoren der Gesellschaft gehören, wird es ihm daher darauf ankommen, Kündigungsabsichten abzuwenden und das Management auch zukünftig an die Gesellschaft zu binden.[21]

3. Interessen der Vorstandsmitglieder

Die Vorstandsmitglieder der Zielgesellschaft möchten naturgemäß verhindern, dass sich ihre bisherigen Arbeitsbedingungen verschlechtern.[22] Die Veräußerung eines größeren Aktienpakets an einen neuen Aktionär wird von den Vorstandsmitgliedern vielleicht nicht bei einer Veräußerung an einen breit gestreuten Aktionärskreis, jedenfalls aber bei dem Verkauf an einen neuen Großaktionär

---

[17] Hdb/Unternehmenskauf-*Hölters*, Teil 1, Rn. 170 ff; *Lange*, Forum Unternehmenskauf 2004, 115 (117); *Weber*, Transaktionsboni, S. 42 ff; *Weihe*, Interessenkonflikte, S. 90.

[18] *Holzapfel/Pöllath*, Unternehmenskauf, Rn. 40; *Lange*, Forum Unternehmenskauf 2004, 115 (118 f.); *Weber*, Transaktionsboni, S. 44; *Weihe*, Interessenkonflikte, S. 90.

[19] *Lange*, Forum Unternehmenskauf 2004, 115 (119); *Weber*, Transaktionsboni, S. 66 f.

[20] *Holzapfel/Pöllath*, Unternehmenskauf, Rn. 706, *Lange*, Forum Unternehmenskauf 2004, 115 (119); *Peltzer*, DB 1987, 973 (975); *Weber*, Transaktionsboni, S. 68.

[21] *Fastrich*, FS Heldrich, 143 (147); *Hohaus/Koch-Schulte*, FS P+P, 93 (94); *Lange*, Forum Unternehmenskauf 2004, 115 (119); *Röder/Lingemann*, DB 1993, 1341 (1341).

[22] Haarmann/Schüppen-*Röh*, § 33d, Rn. 2; Semler/Volhard-*Kübler*, § 3, Rn. 88 ff; *Lange*, Forum Unternehmenskauf 2004, 115 (116); *Weber*, Transaktionsboni, S. 61 f.

typischerweise als Gefahr einer Situationsverschlechterung wahrgenommen.[23] Während die Verteilung der Kontrolle auf eine größere Zahl von Aktionären zu einem Streuverlust führt, ist der Kontrollwechsel an einen neuen Großaktionär nämlich häufig mit einem Einflussverlust des Vorstands verbunden.[24] Dies hängt damit zusammen, dass der neue Aktionär im Regelfall versuchen wird, den mit dem Unternehmenskauf verfolgten Zweck möglichst effektiv und damit auch gegen die Vorstellungen des Managements umzusetzen.[25] Vor diesem Hintergrund müssen die Vorstandsmitglieder nicht nur mit einer Verschlechterung ihrer Arbeitsbedingungen, sondern schlimmstenfalls auch mit ihrer Abberufung rechnen.[26] Demnach geht das Interesse des Vorstands dahin, sich demjenigen Bieter anzudienen, der sie im Amt zu lassen verspricht und gleichzeitig die besten Arbeitsbedingungen in Aussicht stellt. Dazu werden sie häufig von ihrem Einfluss auf die Gesellschaft Gebrauch machen, sodass dieser Bieter am Ende den Zuschlag erhält.[27] *Reppesgaard* bezeichnet das Management daher als „dritte Partei im Übernahmepoker."[28]

4. Mögliche Interessenkonflikte

Fasst man diese Erkenntnisse über die unterschiedlichen Interessenlagen zusammen, so werden die Interessengegensätze der Parteien offenbar: Der Vorstand der Gesellschaft will das Verkaufsverfahren in Richtung desjenigen Bieters lenken, der ihm die bestmöglichen Zukunftsaussichten einräumt. Als Organwalter und Angestellter der Zielgesellschaft ist der Vorstand jedoch gleichzeitig dazu verpflichtet, sich im Unternehmensinteresse für den Bieter einzusetzen, der insgesamt die vielversprechendste Zukunft in Aussicht stellt. Jeder Bieter will das Management wiederum selbst für sich einnehmen, während es dem Verkäufer darauf ankommt, den Vorstand dazu zu veranlassen, ihn bei seinen Bestrebungen nach einem optimalen Verkaufsergebnis zu unterstützen. An dieser Stelle kommen Incentives wie die hier zu behandelnde Drittvergütung ins Spiel, um das

---

[23] *Lange*, Forum Unternehmenskauf 2004, 115 (116); *Schüller*, Vorstandsvergütung, S. 46 f.
[24] *Lange*, Forum Unternehmenskauf 2004, 115 (116); *Schüller*, Vorstandsvergütung, S. 46 f.
[25] *Lange*, Forum Unternehmenskauf 2004, 115 (116); *Peltzer*, ZIP 1989, 69 (74 ff.); *Röder/Lingemann*, DB 1993, 1341 (1349); *Schüller*, Vorstandsvergütung, S. 158 f.
[26] *Lange*, Forum Unternehmenskauf 2004, 115 (116); *Röder/Lingemann*, DB 1993, 1341 (1342); *Schüller*, Vorstandsvergütung, S. 49; *Weber*, Transaktionsboni, S. 62.
[27] *Holzapfel/Pöllath*, Unternehmenskauf, Rn. 40; *Lange*, Forum Unternehmenskauf 2004, 115 (117); *Pöllath*, FS Müller, 833 (843); *Weber*, Transaktionsboni, S. 62 f.
[28] *Reppesgaard* im Handelsblatt vom 01.10.2004, S. 6.

Management jeweils für die eigene Seite zu gewinnen. Problematisch ist dies deshalb, weil das Aktienrecht die Ausgestaltung des Innenverhältnisses zwischen der Gesellschaft und dem Vorstand nicht dem freien Ermessen der handelnden Personen überlässt, sondern gemäß § 23 Abs. 5 AktG zwingende Vorgaben macht.

II. Aktueller Meinungsstand

1. Rechtsprechung

In der Praxis bieten sich viele Situationen an, um von Drittvergütungen Gebrauch zu machen. Daher erscheint es umso verwunderlicher, dass bisher keine unmittelbar relevante Rechtsprechung zu der Frage existiert, ob finanzielle Zuwendungen von Dritten an den Vorstand einer unabhängigen Aktiengesellschaft überhaupt zulässig sind.[29] So wurde bisher lediglich über die Frage entschieden, ob die Gesellschaft einen Anspruch auf Herausgabe der erhaltenen Zuwendung hat.[30] Hinsichtlich der vorgelagerten Frage nach der Zulässigkeit hat sich der BGH bisher nicht geäußert. Es handelt sich somit noch um eine juristische *terra incognita*.[31]

2. Literatur

Ausführlich wurde in der Literatur bisher nur die Variante der sog. Drittanstellungsverträge diskutiert.[32] Dabei geht es um die Problematik, ob Anstellungsverträge von Vorständen auch mit Dritten - insbesondere der Konzernobergesellschaft - abgeschlossen werden dürfen.[33] Die Frage nach der bloßen finanziellen Vergütung der Vorstandsmitglieder durch Dritte wurde dagegen in der Literatur, jedenfalls für die unabhängige Gesellschaft, noch nicht umfassend behandelt.[34]

---

[29] *Mayer-Uellner*, AG 2011, 193 (194); *Traugott/Grün*, AG 2007, 761 (766).
[30] BGH, AG 2001, 468 (469).
[31] *Hohaus/Weber*, DStR 2008, 104 (104); *Mayer-Uellner*, AG 2011, 193 (194).
[32] Siehe dazu etwa: KK-*Mertens/Cahn*, § 84, Rn. 56; Schmidt/Lutter-*Seibt*, § 84, Rn. 26; MüKo-*Spindler*, § 84, Rn. 66; MünchHdb/AG-*Wiesner*, § 21, Rn. 2 ff; *Fonk*, NZG 2010, 368 (370 f.); *Lutter/Krieger*, Aufsichtsrat, § 7, Rn. 431; *Theobald*, FS Raiser, 421 (423 ff.); Hdb/Vorstandsrecht-*Thüsing*, § 4, Rn. 67 f; *Traugott/Grün*, AG 2007, 761 (766).
[33] Anders als bei der Drittanstellung ersetzt die Drittvergütung nicht den mit der Gesellschaft abgeschlossenen Anstellungsvertrag, sondern tritt neben diesen.
[34] Ausdrücklich bisher nur: Hölters-*Weber*, § 87, Rn. 12; *Bauer/Arnold*, DB 2006, 260 (265); *Diekmann*, FS Maier-Reimer, 75 ff; *Fonk*, NZG 2010, 368 (370 f.); *Hohaus/Weber*, BB 2008, 2358 (2358 f.); *Hohaus/Weber*, DStR 2008, 104 ff; *Kirchner/Iversen*, NZG 2008, 921 (923 ff.); *Lange*, Forum Unternehmenskauf 2004, 115 (132 ff.); *Lutter/Krieger*, Aufsichtsrat, § 7,

So scheinen *Lutter / Zöllner* im Zusammenhang mit der Diskussion um die Zulässigkeit der Prämien im Fall *Mannesmann* von der grundsätzlichen Zulässigkeit einer Drittvergütung durch die Aktionäre auszugehen.[35] Dagegen hält *Wollburg* die Vergütung des Vorstands durch Aktionäre für unzulässig.[36] Dies zeige sich bereits an Ziff. 4.3.2 DCGK, die es dem Vorstand ausdrücklich verbiete, im Zusammenhang mit seiner Tätigkeit Zuwendungen von Dritten anzunehmen.[37] Des Weiteren sei die Vergütungskompetenz des Aufsichtsrats gemäß § 87 Abs. 1 AktG derart exklusiv, dass kein anderer als der Aufsichtsrat den Vorstand vergüten dürfe.[38] Letztlich vertreten *Bauer / Arnold* eine vermittelnde Lösung, nach der Drittvergütungen nur mit Zustimmung des Aufsichtsrats zulässig sein sollen.[39]

III. Rechtliche Zulässigkeit

Dieses konträre Meinungsbild soll nun zum Anlass genommen werden, um zu untersuchen, ob Drittvergütungen mit dem geltenden Recht vereinbar sind. Dazu wird zunächst geprüft, ob der Gesetzgeber schon eine eindeutige Entscheidung getroffen hat. Daraufhin werden die rechtlichen Vorgaben aus den unterschiedlichen Perspektiven der an einer M&A Transaktion beteiligten Parteien erläutert.

1. Mögliche Vorentscheidung des Gesetzgebers

Dem Aktiengesetz lässt sich keine ausdrückliche Aussage bezüglich der Unzulässigkeit von Drittvergütungen entnehmen.[40] Aufgrund der im Zivilrecht allgemein geltenden Inhalts- und Abschlussfreiheit könnte es daher nahe liegen, das Instrument der Drittvergütung als grundsätzlich zulässig zu erachten.[41] Dies gilt jedoch nicht, wenn die nun erfolgende systematische Auslegung ergeben sollte, dass der Gesetzgeber wenigstens mittelbar bereits gegenteilig Stellung genommen hat.

Rn. 405; *Mayer-Uellner*, AG 2011, 193 ff; *Schüppen*, FS Tiedemann, 749 ff; *Traugott/Grün*, AG 2007, 761 ff; *Weber*, Transaktionsboni, S. 104 ff; *Wollburg*, ZIP 2004, 646 (649).
[35] *Lutter/Zöllner* in F.A.Z. vom 10.02.2004, S. 12.
[36] *Wollburg*, ZIP 2004, 646 (649 f.); so auch: *Baums* in Börsenzeitung vom 17.02.2004, S. 6; *Fonk*, NZG 2010, 368 (370); *Pöllath*, Incentives, S. 57; *Schüppen*, FS Tiedemann, 749 (754 f.).
[37] *Wollburg*, ZIP 2004, 646 (649); so auch: *Schüppen*, FS Tiedemann, 749 (755).
[38] *Wollburg*, ZIP 2004, 646 (650); so auch: *Fonk*, NZG 2010, 368 (370).
[39] *Bauer/Arnold*, DB 2006, 260 (265 f.) so auch: *Hölters-Weber*, § 87, Rn. 13; *Bosse*, Vorstandsvergütung, Rn. 510; *Diekmann*, FS Maier-Reimer, 75 (83); *Hohaus/Weber*, DStR 2008, 104 (105); *Lutter/Krieger*, Aufsichtsrat, § 7, Rn. 405; *Mayer-Uellner*, AG 2011, 193 (199); *Spindler*, FS Hopt, 1407 (1423 f.); Hdb/Vorstandsrecht-*Thüsing*, § 4, Rn. 68.
[40] *Mayer-Uellner*, AG 2011, 193 (195); *Spindler*, FS Hopt, 1407 (1414).
[41] *Hohaus/Weber*, DStR 2008, 104 (104); *Jooß*, Drittanstellung, S. 228.

a) Vorgaben des HGB

Erste Anhaltspunkte für die Zulässigkeit von Drittvergütungen scheint der durch das VorstOG eingeführte § 285 Nr. 9 lit. a) Satz 7 HGB zu liefern. Dieser konstituiert die Verpflichtung für börsennotierte Aktiengesellschaften, im Rahmen der Offenlegung der Vorstandsbezüge im Anhang auch Leistungen anzugeben, die dem Vorstandsmitglied im Hinblick auf seine Tätigkeit von einem Dritten zugesagt oder gewährt worden sind. Dies könnte auf den ersten Anschein für die Zulässigkeit von Drittvergütungen sprechen.[42] Dagegen muss jedoch eingewandt werden, dass der teleologische Hintergrund der Vorschrift allein die umfassende Offenlegung von Interessenkonflikten bezweckt.[43] Nimmt man diese Vorgabe ernst, so sind im Rahmen einer umfassenden Transparenz daher auch unzulässig gewährte Zuwendungen von Dritten offenzulegen.[44] Ähnlich will auch *Fonk* den Vorschriften des HGB keine Legitimationswirkung bezüglich Drittvergütungen entnehmen. Er geht zwar davon aus, dass die Vorschriften eine Offenlegung nur fordern, soweit Drittzahlungen zulässig sind, die Zulässigkeit selbst könne den Vorschriften dennoch nicht entnommen werden. Stattdessen will er diese primär anhand der allgemeinen aktien- und übernahmerechtlichen Grundsätze überprüft wissen.[45] Dies überzeugt - zumal sich der Gesetzgeber ausweislich der Gesetzgebungsmaterialien mit der Frage der Zulässigkeit überhaupt nicht näher auseinandergesetzt hat.[46] So enthalten weder der Referenten- noch der Regierungsentwurf des VorstOG einen Hinweis bezüglich Vorstandsvergütungen durch Dritte.[47] Demnach können diesem und den auf ihm basierenden Vorschriften des HGB keine Aussagen über die Zulässigkeit von Drittvergütungen entnommen werden.[48]

---

[42] Hölters-*Weber*, § 87, Rn. 12; *Arnold*, FS Bauer, 35 (42); *Bauer/Arnold*, DB 2006, 260 (266); *Bosse*, Vorstandsvergütung, Rn. 508; *Hohaus/Weber*, DStR 2008, 104 (105); *Hohenstatt/Seibt/Wagner*, ZIP 2008, 2289 (2292); *Kirchner/Iversen*, NZG 2009, 921 (923 f.); *Reichert/Balke*, FS Hellwig, 285 (290); *Traugott/Grün*, AG 2007, 761 (768).

[43] Empfehlung des Rechtsausschusses des Deutschen Bundestags, BT-Drucks. 15/5860, S. 10.

[44] BeckBilanzkomm-*Ellrott*, § 285, Rn. 190; *Mayer-Uellner*, AG 2011, 193 (195); *Schüppen*, FS Tiedemann, 749 (755); *Spindler*, FS Hopt, 1407 (1425); *Spindler*, Gutachten, S. 18 f.

[45] *Fonk*, NZG 2010, 368 (371); so auch: *Tröger*, ZGR 2009, 447 (459 f.).

[46] *Heidel*, FS Mehle, 247 (250); *Spindler*, FS Hopt, 1407 (1424 f.); *Spindler*, Gutachten, S. 19.

[47] RegE BR-Drucks. 398/05 vom 27.5.2005, online abrufbar unter: http://www.dnoti.de/DOC/2005/BR_398_05.pdf; RefE VorstOG vom 31.3.2005.

[48] *Heidel*, FS Mehle, 247 (250); *Spindler*, Gutachten, S.19; *Tröger*, ZGR 2009, 447 (459 f.).

b) Vorgaben des Deutschen Corporate Governance Kodex[49]

Der rechtlichen Zulässigkeit von Drittvergütungen könnte außerdem Ziff. 4.3.2 des DCGK im Wege stehen, wonach den Vorstandsmitgliedern im Zusammenhang mit ihrer Tätigkeit die Annahme von jeglichen Zuwendungen durch Dritte verboten ist.[50] Zwar kommt dem Kodex allgemein keine Rechtsnormqualität zu, jedoch entfaltet er seine Wirkung zumindest mittelbar über die Erklärungspflicht des § 161 AktG.[51] Da Ziff. 4.3.2 nach ihrem Wortlaut allerdings weder als Empfehlung noch als bloße Anregung ausgestaltet ist, geht die Regierungskommission DCGK wohl davon aus, dass insoweit nur bereits geltendes Gesetzesrecht wiedergegeben wird.[52] Daraus lässt sich folgern, dass die Regelung insbesondere auf die Straftatbestände der Bestechung und der Bestechlichkeit im geschäftlichen Verkehr gemäß § 299 Abs. 1, 2 StGB, der Untreue gemäß § 266 StGB sowie des Betrugs gemäß § 263 StGB rekurriert.[53] Ein gesondertes gesetzliches Verbot von Drittvergütungen lässt sich dementsprechend daraus nicht ableiten.[54] Diese Auslegung wird zudem von Ziff. 4.2.3 Abs. 1 DCGK unterstrichen, nach welcher die Gesamtvergütung der Vorstandsmitglieder auch Leistungen von Dritten umfasst, die im Hinblick auf die Vorstandstätigkeit zugesagt oder gewährt worden sind.[55]

c) Vorgaben aus der Sicht des Principal-Agent-Konflikts (rechtsökonomisch)

Versteht man das Aktienrecht als Antwort auf den der Aktiengesellschaft immanenten Principal-Agent-Konflikt zwischen Aktionär und Vorstand, so könnte es widersprüchlich sein, die Drittvergütung als eine Maßnahme zu verbieten, die gerade der Bewältigung dieses Konflikts dienen soll.[56] Schließlich wird durch die Drittvergütung des Vorstands das Gesellschaftsvermögen nicht angetastet, sodass

---

[49] Der Kodex wird zwar nicht vom Gesetzgeber, sondern von einer eigenen Kommission erlassen, faktisch jedoch meistens als verbindlich betrachtet und daher systematisch hier geprüft.

[50] *Schüppen*, FS Tiedemann, 749 (755); *Wollburg*, ZIP 2004, 646 (649).

[51] MünchHdb/AG-*Hoffmann-Becking*, § 29, Rn. 59; Hölters-*Hölters*, § 161, Rn. 3; *Hüffer*, § 161, Rn. 3; KK-*Lutter*, § 161, Rn. 11; Ringleb/Kremer/Lutter/v.Werder-*Ringleb*, Vorbemerkung, Rn. 51; MüKo-*Semler*, § 161, Rn. 29; Schmidt/Lutter-*Spindler*, § 161, Rn. 8.

[52] Ringleb/Kremer/Lutter/v.Werder-*Ringleb*, Ziff. 4.3.2, Rn. 807 ff; *Bauer/Arnold*, DB 2006, 260 (266); *Bosse*, Vorstandsvergütung, Rn. 512; *Mayer-Uellner*, AG 2011, 193 (199); *Peltzer*, Leitfaden, Rn. 176 ff; *Spindler*, Gutachten, S. 16 f; *Traugott/Grün*, AG 2007, 761 (767).

[53] Ringleb/Kremer/Lutter/v.Werder-*Ringleb*, Ziff. 4.3.2, Rn. 803; *Bauer/Arnold*, DB 2006, 260 (265); *Mayer-Uellner*, AG 2011, 193 (199); *Traugott/Grün*, AG 2007, 761 (767).

[54] *Mayer-Uellner*, AG 2011, 193 (199); *Traugott/Grün*, AG 2007, 761 (767).

[55] *Bauer/Arnold*, DB 2006, 260 (265); *Bosse*, Vorstandsvergütung, Rn. 512; *Heidel*, FS Mehle, 247 (250); *Hohaus/Weber*, DStR 2008, 104 (105); *Kirchner/Iversen*, NZG 2008, 921 (923); *Mayer-Uellner*, AG 2011, 193 (198); *Traugott/Grün*, AG 2007, 761 (768).

[56] In diesem Sinne: *Hohaus/Weber*, DStR 2008, 104 (105); *Weber*, Transaktionsboni, S. 80 ff; **a.A.** *Spindler*, FS Hopt, 1407 (1412), mit Hinweis auf die außenstehenden Aktionäre.

durch die Vergütung an sich unmittelbar keine außenstehenden Interessen beeinträchtigt werden. Allein dem Umstand, dass diese möglicherweise durch das damit bezweckte Vorstandshandeln betroffen sind, muss nicht zwingend mit einem Verbot von Drittvergütungen begegnet werden.[57] So kann den außenstehenden Interessen auch durch mildere Maßnahmen - wie der Offenlegung der Drittvergütung oder einem Zustimmungserfordernis des Aufsichtsrats - Rechnung getragen werden. Im Hinblick auf den Agency-Konflikt sollte es daher möglich sein, dass auch Dritte (insbesondere die Aktionäre) den Vorstand eigenständig vergüten.[58] Auch diese Annahme hat jedoch nur Bestand, wenn eine Drittvergütung nicht mit sonstigen grundlegenden Prinzipien des AktG kollidiert. Ob dies der Fall ist, soll nun im Folgenden aus Sicht der unterschiedlichen Parteien geprüft werden.

2. Rechtliche Vorgaben aus Sicht des potentiellen Käufers

Ungerechtfertigte Vorteilsgewährung gemäß § 33d WpÜG

Für öffentliche Übernahmeangebote existiert im vorliegenden Kontext die explizite Regelung des § 33d WpÜG, die vorschreibt, dass es dem Bieter und mit ihm gemeinsam handelnden Personen verboten ist, Vorstandsmitgliedern im Zusammenhang mit dem Übernahmeangebot ungerechtfertigte Geldleistungen oder andere ungerechtfertigte geldwerte Vorteile zu gewähren oder in Aussicht zu stellen. Die Regelung wurde vor dem Hintergrund der Diskussion um die Übernahme von *Mannesmann* durch *Vodafone* eingeführt.[59] Der Telos des § 33d WpÜG ist demnach die Vermeidung von Interessenkonflikten und Zweifeln an der Unabhängigkeit des Vorstands.[60] Zu beachten ist jedoch, dass gemäß dem Wortlaut nicht jede Zuwendung eines Dritten unzulässig ist, sondern nur solche, die einen ungerechtfertigten Vorteil begründen. Ein Vorteil ist nach der Gesetzesbegründung ungerechtfertigt, wenn der Vorstand der Zielgesellschaft „zu einem nicht im Interesse ihrer Gesellschaft und ihrer Anteilseigner orientiertem Verhal-

---

[57] *Hohaus/Weber*, DStR 2008, 104 (105); *Traugott/Grün*, AG 2007, 761 (767).
[58] *Hohaus/Inhester*, Juve/Hdb 2007/2008, S. 214; *Hohaus/Weber*, DStR 2008, 104 (105).
[59] KK/WpÜG-*Hirte*, § 33d, Rn. 7; Baums/Thoma-*Kiem*, § 33d, Rn. 2; Assmann-*Krause/Pötzsch*, § 33, Rn. 324; Haarmann/Schüppen-*Röh*, § 33d, Rn. 2; Steinmeyer/Häger-*Steinmeyer*, § 33d, Rn. 1; *Diekmann*, FS Maier-Reimer, 75 (84); *Fastrich*, FS Heldrich, 143 (147).
[60] Ehricke/Ekkenga/Oechsler-*Ekkenga*, § 33, Rn. 120; KK/WpÜG-*Hirte*, § 33d, Rn. 2; Baums/Thoma-*Kiem*, § 33d, Rn. 1; Assmann-*Krause/Pötzsch*, § 33, Rn. 324; Haarmann/Schüppen-*Röh*, § 33d, Rn. 2; *Diekmann*; FS Maier-Reimer, 75 (84).

ten bewegt werden soll."[61] Zuwendungen, die aus Sicht der Zielgesellschaft und ihrer Anteilseigner aus „sachlichen Gründen" gewährt werden, können demnach gerechtfertigt sein.[62] Diese Formulierung des Gesetzgebers ist jedoch missverständlich, denn unter „sachlichen Gründen" können auch solche verstanden werden, die der Bieter angestellt hat, um seinem Angebot zum Erfolg zu verhelfen.[63] Daher ist im Einklang mit namhaften Vertretern der Literatur darauf abzustellen, ob die Zielgesellschaft den Vorteil selbst im Rahmen von § 87 AktG hätte gewähren oder in Aussicht stellen dürfen.[64] Die Zulässigkeit der Drittvergütung eines Vorstands durch einen Bieter muss demnach im Einzelfall unter der Prämisse untersucht werden, ob auch der Aufsichtsrat diese hätte festlegen können. Das Verbot der Vorteilsgewährung stellt ein gesetzliches Verbot iSd. § 134 BGB dar, was dazu führt, dass die Abreden hinsichtlich des ungerechtfertigten Vorteils nichtig sind und dieser gemäß § 812 Abs. 1 Satz 1 Alt. 1 BGB heraus verlangt werden kann.[65] Dem kann auch nicht § 817 Satz 2 BGB entgegen gehalten werden, da anderenfalls der gesetzlich missbilligte Erfolg perpetuiert würde.[66] Weitere Sanktionen sieht das Gesetz nicht vor, insbesondere ist ein Verstoß keine Ordnungswidrigkeit iSd. § 60 WpÜG.[67]

3. Rechtliche Vorgaben aus Sicht des Vorstands

a) Leitungsautonomie gemäß § 76 Abs. 1 AktG

Gemäß § 76 Abs. 1 AktG hat der Vorstand die Gesellschaft unter eigener Verantwortung zu leiten. Daraus folgt, dass er bei der Ausübung seiner Leitungsaufgaben nicht an die Weisungen anderer Gesellschaftsorgane oder Aktionäre gebunden ist.[68] Des Weiteren ist es dem Vorstand verboten, seine Leitungsaufgaben auf

---

[61] Begr. RegE, BT-Drucks. 14/7034, S. 59; kritisch dazu: Baums/Thoma-*Kiem*, § 33d, Rn. 4 f; Haarmann/Schüppen-*Röh*, § 33d, Rn. 11; *Hopt*, FS Lutter, 1361 (1379).

[62] Begr. RegE, BT-Drucks. 14/7034, S. 59.

[63] Haarmann/Schüppen-*Röh*, § 33d, Rn. 11; *Schüppen*, WPg 2001, 958 (972).

[64] Ehricke/Ekkenga/Oechsler-*Ekkenga*, § 33, Rn. 122; Assmann-*Krause/Pötzsch*, § 33, Rn. 336; Haarmann/Schüppen-*Röh*, § 33d, Rn. 11; *Fastrich*, FS Heldrich, 143 (147); *Hopt*, ZHR 2002, 383 (429); *Krause*, NJW 2002, 705 (713); *Lange*, Forum Unternehmenskauf 2004, 115 (137).

[65] Begr. RegE, BT-Drucks. 14/7034, S. 59; so auch: Baums/Thoma-*Kiem*, § 33d, Rn. 24; Assmann-*Krause/Pötzsch*, § 33, Rn. 340; *Spindler*, FS Hopt, 1407 (1413).

[66] Ehricke/Ekkenga/Oechsler-*Ekkenga*, § 33, Rn. 123; KK/WpÜG-*Hirte*, § 33d, Rn. 16; Assmann-*Krause/Pötzsch*, § 33, Rn. 340; Haarmann/Schüppen-*Röh*, § 33d, Rn. 14.

[67] Im ersten Diskussionsentwurf war vorgesehen, den Verstoß mit einer Geldbuße bis zu 1,5 Mio. Euro zu ahnden, was jedoch fallen gelassen wurde.

[68] Bürgers/Körber-*Bürgers/Israel*, § 76, Rn. 6; Spindler/Stilz-*Fleischer*, § 76, Rn. 57; *Hüffer*, § 76, Rn. 10; Großkomm-*Kort*, § 76, Rn. 42 ff; KK-*Mertens/Cahn*, § 76, Rn. 44; Schmidt/Lutter-*Seibt*, § 76, Rn. 10; MüKo-*Spindler*, § 76, Rn. 22.

Dritte zu delegieren.[69] Diesen Vorgaben lässt sich entnehmen, dass der Vorstand außerhalb von Unternehmensverträgen grundsätzlich nicht dazu befugt ist, Vereinbarungen über die Ausübung seiner Leitung abzuschließen.[70] Demnach ist fraglich, ob in Fällen, in denen sich der Vorstand im Zusammenhang mit einer Drittvergütung dazu verpflichtet, seine Leitungsentscheidungen zu Gunsten des Dritten wahrzunehmen, die Leitungsautonomie noch ausreichend gewahrt wird oder ob der Vorstand schon als „Diener zweier Herren" angesehen werden muss.[71]

Das Verbot der Weiterveräußerung der Leitungsmacht des Vorstands schließt jedoch nicht jegliche Einräumung von Einwirkungsrechten an Dritte aus.[72] Vielmehr sind von vornherein nur solche Vereinbarungen unzulässig, die in der Sache einem Unternehmensvertrag gleichkommen.[73] Die vertragliche Begründung von individuellen Einwirkungsrechten an Aktionäre ist demnach nicht grundsätzlich mit § 76 Abs. 1 AktG unvereinbar.[74] Eine allgemeine Formel, ab wann der Grundsatz der Unveräußerlichkeit der Leitungsmacht in derartigen Fällen verletzt ist, existiert jedoch mangels einschlägiger Rechtsprechung nicht.[75] Demnach lässt sich eine Entscheidung im Einzelfall nur über eine Fallgruppenbildung treffen.[76] Überwiegend für zulässig erachtet wird beispielsweise eine längerfristige Ausrichtung der Geschäftspolitik in eine Richtung, die eine legitime Leitungsentscheidung darstellt, selbst wenn dadurch notwendigerweise der wirtschaftliche Bewegungsspielraum des Vorstands eingeengt wird.[77] Nicht mit § 76 Abs. 1 AktG vereinbar wäre es dagegen, dem Dritten in Zusammenhang mit der Zuwendung

---

[69] Spindler/Stilz-*Fleischer*, § 76, Rn. 61 ff; *Hüffer*, § 76, Rn. 7; Großkomm-*Kort*, § 76, Rn. 94; KK-*Mertens/Cahn*, § 76, Rn. 45; MüKo-*Spindler*, § 76, Rn. 19; Hölters-*Weber*, § 76, Rn. 17; Hdb/Vorstandsrecht-*Fleischer*, § 1, Rn. 53; *Mayer-Uellner*, AG 2011, 193 (195).

[70] Spindler/Stilz-*Fleischer*, § 76, Rn. 63; *Hüffer*, § 76, Rn. 11; Großkomm-*Kort*, § 76, Rn. 158; KK-*Mertens/Cahn*, § 76, Rn. 45; MüKo-*Spindler*, § 76, Rn. 25 ff; Hölters-*Weber*, § 76, Rn. 16; *Fleischer*, FS Schwark, 137 (149 ff.); *Hüffer*, FS Schwark, 185 (196).

[71] *Diekmann*, FS Maier-Reimer, 75 (76); *Mayer-Uellner*, AG 2011, 193 (193); *Spindler*, FS Hopt, 1407 (1422 f.); *Spindler*, Gutachten, S. 16; *Traugott/Grün*, AG 2007, 761 (767).

[72] Großkomm-*Kort*, § 76, Rn. 158 ff; KK-*Mertens/Cahn*, § 76, Rn. 47 f; Schmidt/Lutter-*Seibt*, § 76, Rn. 10; Hölters-*Weber*, § 76, Rn. 16; Hdb/Vorstandsrecht-*Fleischer*, § 1, Rn. 61; *Jooß*, Drittanstellung, S. 228; *Kiem*, AG 2009, 301 (307 ff.); *Mayer-Uellner*, AG 2011, 193 (195).

[73] Spindler/Stilz-*Fleischer*, § 76, Rn. 69; Großkomm-*Kort*, § 76, Rn. 158; KK-*Mertens/Cahn*, § 76, Rn. 48; Hdb/Vorstandrecht-*Fleischer*, § 1, Rn. 61; *Mayer-Uellner*, AG 2011, 193 (195).

[74] Spindler/Stilz-*Fleischer*, § 76, Rn. 69; Großkomm-*Kort*, § 76, Rn. 158; KK-*Mertens/Cahn*, § 76, Rn. 45; MüKo-*Spindler*, § 76, Rn. 25; Hölters-*Weber*, § 76, Rn. 16; Hdb/Vorstandsrecht-*Fleischer*, § 1, Rn. 61; *Diekmann*, FS Maier-Reimer, 75 (77); *Jooß*, Drittanstellung, S. 228.

[75] Spindler/Stilz-*Fleischer*, § 76, Rn. 68; *Hüffer*, § 76, Rn. 11; KK-*Mertens/Cahn*, § 76, Rn. 48; *Fleischer*, FS Schwark, 137 (149).

[76] So auch: Spindler/Stilz-*Fleischer*, § 76, Rn. 70 ff; *Fleischer*, FS Schwark, 137 (150 ff.).

[77] Spindler/Stilz-*Fleischer*, § 76, Rn. 69; Großkomm-*Kort*, § 76, Rn. 158; KK-*Mertens/Cahn*, § 76, Rn. 47; Schmidt/Lutter-*Seibt*, § 76, Rn. 10; MüKo-*Spindler*, § 76, Rn. 25; Hdb/Vorstandsrecht-*Fleischer*, § 1, Rn. 61; *Mayer-Uellner*, AG 2011, 193 (195).

konkrete Weisungsrechte gegenüber dem Vorstand einzuräumen, denn dies ist nur im Falle eines Beherrschungsvertrags gemäß § 308 AktG denkbar.[78] Im Rahmen von § 76 Abs. 1 AktG zulässig ist es demnach etwa, wenn die Drittvergütung mit einer Verpflichtung zur Steigerung des Börsenkurses einhergeht, denn in diesem Fall erhält der Aktionär keine unmittelbare Einflussmöglichkeit auf die Geschäftsleitung.[79] Nicht mit § 76 Abs. 1 AktG vereinbar wäre demgegenüber etwa eine Verpflichtung, die eine konkrete Besetzung von Führungspositionen vorschreibt, weil dies einer konkreten Weisung iSd. § 308 AktG gleichkäme.[80]

b) Organschaftliche Treuepflicht gegenüber der Gesellschaft

aa) Handeln im Unternehmensinteresse

Als Organ mit treuhänderischer Funktion und damit verbundener besonderer Vertrauensstellung unterliegen Vorstandsmitglieder einer über die Grenzen des § 242 BGB hinausgehenden organschaftlichen Treuepflicht.[81] Die Vorstandsmitglieder haben daher immer im Interesse der Gesellschaft zu handeln und sie vor Nachteilen zu schützen. Sie dürfen ihre eigenen Interessen und die Interessen Dritter nicht über die der Gesellschaft stellen.[82] Daraus resultiert, dass der Vorstand das Gesellschaftwohl dem eigenen Nutzen und dem Vorteil Dritter überordnen muss.[83] Dieses Prinzip scheint mit einer Zuwendung durch einen Dritten jedoch nicht kompatibel - wird doch der Vorstand durch diese dazu verleitet, den Interessen des Dritten einen besonders hohen Rang einzuräumen.[84] Demnach muss die Frage geklärt werden, welche Interessen der Vorstand bei der Ausübung seines unternehmerischen Ermessens zu berücksichtigen hat. Die Frage scheint dabei insbesondere dann relevant, wenn es sich bei dem Dritten um einen Aktionär handelt.

---

[78] Spindler/Stilz-*Fleischer*, § 76, Rn. 69; Großkomm-*Kort*, § 76, Rn. 158; KK-*Mertens/Cahn*, § 76, Rn. 47; Hdb/Vorstandrecht-*Fleischer*, § 1, Rn. 61; *Mayer-Uellner*, AG 2011, 193 (195).

[79] *Mayer-Uellner*, AG 2011, 193 (196); *Traugott/Grün*, AG 2007, 761 (767); vgl. auch: *Hüffer*, § 76, Rn. 12; MüKo-*Spindler*, § 76, Rn. 76 ff; MünchHdb/AG-*Wiesner*, § 19, Rn. 21.

[80] *Mayer-Uellner*, AG 2011, 193 (196); *Traugott/Grün*, AG 2007, 761 (767).

[81] BGHZ 13, 188 (192 f.); BGHZ 20, 239 (246); Spindler/Stilz-*Fleischer*, § 93, Rn. 113 ff; Hölters-*Hölters*, § 93, Rn. 114; Großkomm-*Hopt*, § 93, Rn. 144 ff; *Hüffer*, § 93, Rn. 5; Schmidt/Lutter-*Krieger/Sailer-Coceani*, § 93, Rn. 16; KK-*Mertens/Cahn*, § 93, Rn. 95.

[82] BGH, AG 1989, 354 (357); Spindler/Stilz-*Fleischer*, § 93, Rn. 114 f; Hölters-*Hölters*, § 93, Rn. 114; Großkomm-*Hopt*, § 93, Rn. 148 ff; Schmidt/Lutter-*Krieger/Sailer-Coceani*, § 93, Rn. 16; KK-*Mertens/Cahn*, § 93, Rn. 99 ff; MüKo-*Spindler*, § 93, Rn. 92.

[83] Bürgers/Körber-*Bürgers/Israel*, § 93, Rn. 6; Spindler/Stilz-*Fleischer*, § 93, Rn. 122; Großkomm-*Hopt*, § 93, Rn. 148; KK-*Mertens/Cahn*, § 93, Rn. 99; MüKo-*Spindler*, § 93, Rn. 92; *Hopt*, ZGR 1993, 534 (541); *Mayer-Uellner*, AG 2011, 193 (197).

[84] *Diekmann*, FS Maier-Reimer, 75 (77); *Mayer-Uellner*, AG 2011, 193 (195).

(1) Stakeholder Value Ansatz

Die vorherrschende Ansicht geht davon aus, dass der Vorstand bei der Ausübung seines unternehmerischen Ermessens zum Handeln im Unternehmensinteresse verpflichtet ist.[85] Nach diesem sog. Stakeholder Value Ansatz werden vom Unternehmensinteresse neben den Gewinnmaximierungsinteressen der Aktionäre (Shareholder) gleichzeitig auch die Interessen der Arbeitnehmer und die der Gläubiger (Stakeholder) umfasst. Zudem muss der Vorstand dafür sorgen, dass sich das Unternehmen als „good corporate citizen" in die Gesellschaftsordnung einfügt.[86] Richtet der Vorstand sein Handeln aufgrund des Anreizes daher allein auf den Aktionär (Dritten) aus, so verstößt er gegen seine organschaftliche Treuepflicht.

(2) Shareholder Value Ansatz

Nach dem Shareholder Value Ansatz soll der Vorstand hingegen allein dem Vermögensinteresse der Aktionäre Rechnung tragen, indem er den Marktwert des Unternehmens und damit dessen Börsenkurs maximiert.[87] Geht man daher von der Prämisse aus, dass der durch den drittvergütenden Aktionär geschaffene Anreiz gleichzeitig dem Interesse aller Aktionäre entspricht,[88] liegt folglich kein Verstoß des Vorstands gegen seine organschaftliche Treuepflicht vor.

(3) Stellungnahme

Für eine ausschließliche Berücksichtigung der Aktionärsinteressen und damit für die Vereinbarkeit der Drittvergütung mit der organschaftlichen Treuepflicht des Vorstands könnte sprechen, dass die Aktionäre als Eigenkapitalgläubiger ein größeres unternehmerisches Risiko als die Inhaber von Fremdkapitalansprüchen tragen.[89] Allerdings können die Aktionäre ihr Risiko auf mehrere unterschiedliche Anlagen streuen, während die Mitglieder anderer Interessengruppen wie z.B. die Arbeitnehmer in ihrem Einzelschicksal weit stärker vom Unternehmenserfolg und

---

[85] BVerfGE 34, 103 (112); OLG Hamm AG 1995, 512 (514); Spindler/Stilz-*Fleischer*, § 93, Rn. 122; *Hüffer*, § 76, Rn. 12a; Großkomm-*Kort*, § 76, Rn. 52 ff; KK-*Mertens/Cahn*, § 76, Rn. 15; MüKo-*Spindler*, § 76, Rn. 69 ff; Hölters-*Weber*, § 76, Rn. 19 ff; *Raiser/Veil*, Kapitalgesellschaften § 14, Rn. 14; *Schmidt*, Gesellschaftsrecht, S. 805 f; *Wollburg*, ZIP 2004, 646 (647).

[86] Bürgers/Körber-*Bürgers/Israel*, § 76, Rn. 12 f; *Hüffer*, § 76, Rn. 12 ff; Großkomm-*Kort*, § 76, Rn. 52 ff; KK-*Mertens/Cahn*, § 76, Rn. 15 ff; *Hohaus/Weber*, DStR 2008, 104 (106); *Raiser/Veil*, Kapitalgesellschaften, § 14, Rn. 14; *Wollburg*, ZIP 2004, 646 (647).

[87] *Adams*, AG 1990, 243 (246 f.); *Arnold*, Vorstandshandeln, S. 47 ff; *Busse von Colbe*, ZGR 1997, 271 (274); *Groh*, DB 2000, 2153 (2155 ff.); *Klöhn*, ZGR 2008, 110 (141 ff.); *Kuhner*, ZGR 2004, 244 (262 ff.); *Mülbert*, ZGR 1997, 129 (140 ff.); *Schmidt/Spindler*, FS Kübler, 515 (517 ff.); *v. Werder*, ZGR 1998, 69 (71 ff.); grundlegend: *Rappaport*, Shareholder Value.

[88] Auf den horizontalen Interessenkonflikt zwischen Aktionären wird im Konzern eingegangen.

[89] Spindler/Stilz-*Fleischer*, § 76, Rn. 31; KK-*Mertens/Cahn*, § 76, Rn. 16.

-misserfolg betroffen sind.[90] Dies wird auch dadurch unterstrichen, dass durch die Verbreitung hybrider Finanzinstrumente wie beispielsweise Derivate die Unterschiede zwischen Fremd- und Eigenkapital immer weiter aufgeweicht werden.[91] Auch die Tatsache, dass die organschaftliche Treuepflicht des Vorstands nicht unmittelbar gegenüber den Aktionären, sondern nur gegenüber der Gesellschaft besteht, spricht gegen die Annahme, dass mit dem höheren Risiko der Eigenkapitalgeber eine besondere Treuhänderstellung des Vorstands zugunsten der Aktionären einhergeht.[92] Dass letztendlich nicht allein die Interessen der Aktionäre entscheidend sein können, ergibt sich auch schon aus der gesetzlich vorgeschriebenen unternehmerischen Mitbestimmung der Arbeitnehmer.[93] Für die Zulässigkeit einer Drittvergütung ist es demnach entscheidend, ob der damit geschaffene Handlungsanreiz im Einklang mit dem Unternehmensinteresse steht.[94]

(4) Übertragung des Stakeholder Ansatzes auf die Drittvergütung

Dies führt dazu, dass der Vorstand auch im Falle einer Drittvergütung nicht allein die Interessen des Aktionärs (Dritten) berücksichtigen darf, sondern bei seiner Entscheidungsfindung verpflichtet ist, zwischen den verschiedenen Interessen abzuwägen. Zwar liegt auch eine interessenmonistische Ausrichtung der Gesellschaft, wie beispielsweise am Shareholder Value, noch grundsätzlich im Ermessensspielraum des Vorstands,[95] jedoch findet der Freiraum seine Grenzen dort, wo ein Interesse absolut verfolgt wird, sodass die übrigen Interessen entgegen dem Gebot der praktischen Konkordanz vernachlässigt werden.[96]

Eine Drittvergütung ist also legitim, soweit sie sich an Kriterien orientiert, welche die unterschiedlichen Interessen der Stakeholder zu einem angemessenen Ausgleich bringt.[97] Bei einer Anknüpfung der Drittvergütung an den Börsenkurs oder

---

[90] *Kübler*, FS Zöllner, 321 (325 ff.); *Kuhner*, ZGR 2004, 244 (260 f.).
[91] KK-*Mertens/Cahn*, § 76, Rn. 16; *Klöhn*, ZGR 2008, 110 (138).
[92] BGHZ 83, 122 (134); BGHZ 110, 323 (334); Spindler/Stilz-*Fleischer*, § 93, Rn. 107; KK-*Mertens/Cahn*, § 76, Rn. 16; Großkomm-*Mülbert*, Vor §§ 118-147, Rn. 194.
[93] Großkomm-*Hopt*, § 93 Rn. 151; KK-*Mertens/Cahn*, § 76, Rn. 16; *Hopt*, ZGR 1993, 534 (536); *Raisch*, FS Hefermehl, 347 (353); *Schilling*, ZHR 1980, 136 (138 ff.); *Schneider*, ZIP 1996, 1769 (1772); *Semler*, FS Raisch, 291 (294 ff.); *Zöllner*, AG 2003, 2 (10).
[94] *Diekmann*, FS Maier-Reimer, 75 (77); *Hohaus/Weber*, DStR 2008, 104 (106); *Lutter/Krieger*, Aufsichtsrat, § 7, Rn. 405; *Mayer-Uellner*, AG 2011, 193 (197); *Spindler*, FS Hopt, 1407 (1422); *Spindler*, Gutachten, S. 16; *Traugott/Grün*, AG 2007, 761 (767).
[95] Großkomm-*Kort*, § 76, Rn. 53 f; KK-*Mertens/Cahn*, § 76, Rn. 15 ff; MüKo-*Spindler*, § 76, Rn. 76 ff; *Hohaus/Weber*, DStR 2008, 104 (106); *Spindler*, FS Hopt, 1407 (1422).
[96] *Hüffer*, § 76, Rn. 12; Großkomm-*Kort*, § 76, Rn. 46; KK-*Mertens/Cahn*, § 76, Rn. 19; MüKo-*Spindler*, § 76, Rn. 69; *Diekmann*, FS Maier-Reimer, 75 (77); *Hohaus/Weber*, DStR 2008, 104 (106); *Hopt*, ZGR 1993, 534 (536); *Semler*, FS Raisch, 291 (296).
[97] *Diekmann*, FS Maier-Reimer, 75 (86); *Mayer-Uellner*, AG 2011, 193 (197).

das EBIT(DA) dürfte dies im Regelfall anzunehmen sein, da diese interessenneutral ausgerichtet sind und eine Steigerung dem Unternehmen selbst zugutekommt.[98] So ist etwa ein hoher Börsenkurs die maßgebliche Voraussetzung dafür, dass sich das Unternehmen Eigenkapital zu attraktiven Konditionen am Markt beschaffen kann. Unzulässig wäre es dagegen, die Drittvergütung an Zielvorgaben zu knüpfen, die den Vorstand dazu veranlassen, das Unternehmensinteresse zu Lasten der Gesellschaft hinter die Interessen des Einzelnen zurückzustellen.[99]

bb) Gesetzliches Wettbewerbsverbot gemäß § 88 AktG

Das auf der Vergütung eines Dritten basierende Handeln des Vorstands könnte zudem ein „Geschäfte machen" im Geschäftszweig der Gesellschaft darstellen und damit gegen das gesetzliche Wettbewerbsverbot des Vorstands gemäß § 88 Abs. 1 AktG verstoßen.[100] Das Verbot stellt eine besondere Ausprägung der dem Vorstand gegenüber der Gesellschaft obliegenden Treuepflicht dar und bezweckt, dass dieser seine ganze Arbeitskraft der Gesellschaft zur Verfügung stellt.[101] Der Aktionär gewährt dem Vorstand die Drittvergütung vorrangig zur Wahrung seiner eigenen Interessen. Nimmt der Vorstand daher die Vergütung an, so wird er primär für einen Dritten und nicht für die Gesellschaft tätig.[102] Ein Verstoß kommt unter Berücksichtigung des Normzwecks daher insbesondere dann in Betracht, wenn mit der durch die Drittvergütung bezweckten Tätigkeit des Vorstands gleichzeitig eine erhebliche zeitliche Belastung einhergeht.[103] In diesen Fällen ist ihm daher anzuraten, eine Einwilligung des Aufsichtsrats gemäß § 88 Abs. 1 Satz 1 AktG iVm. § 183 Satz 1 BGB einzuholen, um ein etwaiges Haftungsrisiko wegen Verstoßes gegen § 88 Abs. 1 AktG von vornherein auszuschließen.[104]

---

[98] *Bauer/Arnold*, DB 2006, 260 (265); *Diekmann*, FS Maier-Reimer, 75 (85); *Mayer-Uellner*, AG 2011, 193 (196); *Traugott/Grün*, AG 2007, 761 (767); *Wollburg*, ZIP 2004, 646 (648).

[99] *Bauer/Arnold*, DB 2006, 260 (265); *Mayer-Uellner*, AG 2011, 193 (197).

[100] *Diekmann*, FS Maier-Reimer, 75 (79); *Hohaus/Weber*, DStR 2008, 104 (107).

[101] BGH, AG 1997, 328 (328); BGH, AG 2001, 468 (468); Spindler/Stilz-*Fleischer*, § 88, Rn. 2; *Hüffer*, § 88, Rn. 1; MüKo-*Spindler*, § 88, Rn. 1; *Weber*, Transaktionsboni, S. 225.

[102] *Hohaus/Weber*, DStR 2008, 104 (107); *Weber*, Transaktionsboni, S. 228.

[103] *Hohaus/Koch-Schulte*, FS P+P, 93 (100); *Rhein*, Interessenkonflikt, S. 93.

[104] Spindler/Stilz-*Fleischer*, § 88, Rn. 26; *Hüffer*, § 88 Rn. 5; Großkomm-*Kort*, § 88, Rn. 55; MüKo-*Spindler*, § 88, Rn. 23; *Hohaus/Weber*, DStR 2008, 104 (108).

4. Rechtliche Vorgaben aus Sicht des Großaktionärs

a) Verstoß gegen die Kompetenzen des Aufsichtsrats

Die Drittvergütung durch einen Aktionär könnte zudem gegen die Kompetenzordnung des AktG verstoßen. So weist das Aktiengesetz dem Aufsichtsrat sowohl die Zuständigkeit für die Bestellung und Anstellung des Vorstandes (§ 84 Abs. 1 AktG) als auch die Kompetenz für dessen Vergütung (§ 87 AktG) zu. Diese Kompetenzordnung ist gemäß § 23 Abs. 5 AktG zwingend zu beachten.

aa) Anstellungskompetenz gemäß § 84 AktG

Die Anstellungskompetenz des Aufsichtsrats gemäß § 84 Abs. 1 AktG wird durch die Vereinbarung einer Drittvergütung nicht berührt. Dies liegt daran, dass die Drittvergütung, anders als ein Drittanstellungsvertrag, den Anstellungsvertrag mit der Gesellschaft nicht ersetzt, sondern unabhängig neben diesem steht.[105]

bb) Vergütungskompetenz gemäß § 87 AktG

In Betracht kommt allerdings ein Verstoß gegen die Vergütungskompetenz des Aufsichtsrats gemäß § 87 Abs. 1 AktG. Dieser schreibt vor, dass es die ausschließliche Aufgabe des Aufsichtsrats ist, die Gesamtbezüge des Vorstands festzusetzen und für ihre Angemessenheit zu sorgen.

(1) Festlegung durch den Aufsichtsrat

Die Vergütung des Vorstands durch einen Dritten könnte daher gegen die Vorgabe des Aktiengesetzes verstoßen, die Festsetzung der Vergütung der Vorstände ausschließlich dem Aufsichtsrat zu überlassen.[106] Allerdings bezieht sich die Kompetenz allein auf Fälle, in denen der Aufsichtsrat die Gesellschaft gemäß § 112 AktG gegenüber den Vorstandsmitgliedern vertritt. Bei einer Drittvergütung durch Aktionäre, die allein im Individualinteresse vorgenommen wird, handelt es sich um keine unmittelbare Angelegenheit der Gesellschaft, sodass ein Kompetenzverstoß gegen § 87 iVm. § 112 AktG nicht in Betracht kommt.[107] Des Weiteren zeigt auch § 33d WpÜG, dass im Transaktionsprozess Vergütungen des Vorstands durch den Bieter, dessen Interessen genauso im Konflikt zu denen der Gesellschaft stehen können, unter bestimmten Voraussetzungen zulässig sind.[108] Daher ist die Drittvergütung nicht allein deswegen unzulässig, weil nach dem

---

[105] *Mayer-Uellner*, AG 2011, 193 (194); *Traugott/Grün*, AG 2007, 761 (768).

[106] *Schüppen*, FS Tiedemann, 749 (753 f.); *Wollburg*, ZIP 2004, 646 (649).

[107] *Diekmann*, FS Maier-Reimer, 75 (80); *Weber*, Transaktionsboni, S. 317; vgl. auch: Münch-Hdb/AG-*Wiesner*, § 21, Rn. 2 f; *Lange*, Forum Unternehmenskauf 2004, 115 (133).

[108] *Diekmann*, FS Maier-Reimer, 75 (80); *Hohaus/Inhester*, Juve/Hdb 2007/2008, S. 214; *Hohaus/Weber*, DStR 2008, 104 (105); *Lange*, Forum Unternehmenskauf 2004, 115 (133).

Aktiengesetz ausschließlich der Aufsichtsrat die Vergütung des Vorstands festlegt.[109]

(2) Ermessensspielraum des Aufsichtsrats

Allerdings hat der Aufsichtsrat gemäß § 87 Abs. 1 AktG bei der Festsetzung der Vorstandsbezüge zusätzlich dafür zu sorgen, dass diese in einem angemessenen Verhältnis zu den Aufgaben und Leistungen des Vorstandsmitglieds sowie zur Lage der Gesellschaft stehen. Bei der Festsetzung der Angemessenheit der Vergütung handelt es sich um eine unternehmerische Entscheidung, sodass dem Aufsichtsrat analog zur ARAG/Garmenbeck Entscheidung ein Ermessensspielraum zuzubilligen ist.[110] Den Maßstab für die Ermessensausübung des Aufsichtsrats bildet dabei das Unternehmensinteresse.[111] Die Vergütung des Vorstands durch einen Dritten, die diese Vorgaben außer Acht lässt, könnte demnach zu einer unzulässigen Einschränkung des Ermessensspielraums des Aufsichtsrats führen.

Der vorrangige Zweck des Angemessenheitsgebots ist es jedoch, das Gesellschaftsvermögen und damit mittelbar die Aktionäre und Gläubiger der Gesellschaft zu schützen.[112] Im Falle einer Drittvergütung könnte daher eingewandt werden, dass Zuwendungen von Dritten das Gesellschaftsvermögen gerade nicht berühren und folglich auch keinen Verstoß gegen § 87 Abs. 1 AktG begründen.[113] Diese Sichtweise wird jedoch nicht der Aufgabe gerecht, welche das AktG dem Aufsichtsrat in diesem Zusammenhang zuweist. So ist der Aufsichtsrat verpflichtet, die Vergütung des Vorstands anhand der in § 87 Abs. 1 AktG vorgegebenen Kriterien detailliert festzulegen.[114] Dies verschafft ihm damit gleichzeitig die Möglichkeit, mittels gezielter Anreize Einfluss auf die Unternehmenspolitik zu

---

[109] *Bauer/Arnold*, DB 2006, 260 (265 f.); *Diekmann*, FS Maier-Reimer, 75 (80); *Hohaus/Weber*, DStR 2008, 104 (105); *Kirchner/Iversen*, NZG 2008, 921 (923); *Weber*, Transaktionsboni, S. 318; **a.A.** *Spindler*, FS Hopt, 1407 (1424); *Wollburg*, ZIP 2004, 646 (649).

[110] BGHZ 135, 244 ff; bestätigt in: BGHSt 50, 331 (335 f.).

[111] BGHSt 50, 331 (335 f.); Spindler/Stilz-*Fleischer*, § 87, Rn. 15; *Hüffer*, § 87, Rn. 4; MüKo-*Spindler*, § 87, Rn. 20; MünchHdb/AG-*Wiesner*, § 21, Rn. 30 ff; *Hoffman-Becking*, ZHR 2005, 155 (157 f.); *Kort*, NJW 2005, 333 (334); *Marsch-Barner*, FS Röhricht, 401 (406).

[112] Spindler/Stilz-*Fleischer*, § 87, Rn. 1; *Hüffer*, § 87, Rn. 1; Großkomm-*Kort*, § 87, Rn. 1; KK-*Mertens/Cahn*, § 87, Rn. 2; *Arnold*, FS Bauer, 35 (40); *Diekmann*, FS Maier-Reimer, 75 (81); *Fleischer*, DStR 2005, 1279 (1279); *Fonk*, NZG 2005, 248 (248); *Hoffmann-Becking*, NZG 1999, 797 (798); *Mayer-Uellner*, AG 2011, 193 (198); *Schüller*, Vorstandsvergütung, S. 116; *Spindler*, DStR 2004, 36 (36); *Thüsing*, ZGR 2003, 457 (459); *Wollburg*, ZIP 2004, 646 (650).

[113] *Diekmann*, FS Maier-Reimer, 75 (82); *Hohaus/Weber*, DStR 2008, 104 (105); *Lange*, Forum Unternehmenskauf 2004, 115 (133); *Traugott/Grün*, AG 2007, 761 (768 f.).

[114] Zum genauen Vorgehen: *Diekmann*, FS Maier-Reimer, 75 (82); *Mayer-Uellner*, AG 2011, 193 (198); Hdb/Vorstandsrecht-*Thüsing*, § 6, Rn. 13; *Weber*, Transaktionsboni, S. 258 ff.

nehmen und vermittelt dem Aufsichtsrat insoweit eine strategische Einflussmöglichkeit.[115] Die konkrete Ausrichtung der Vergütung stellt damit gleichzeitig eine Art Schlichtungsinstrument des Aufsichtsrats zur Beilegung der aus dem Agency-Konflikt resultierenden Interessendivergenzen zwischen Aktionären und Management dar. Gerade dieser Effekt würde durch eine möglicherweise gegenteilige Anreizmomente schaffende Drittvergütung konterkariert.[116]

Um dem Aufsichtsrat diese Einflussmöglichkeiten zu erhalten und die Angemessenheit der Gesamtvergütung überprüfen zu können, ist es daher zunächst einmal notwendig, dass der Aufsichtsrat von der Drittvergütung in Kenntnis gesetzt wird.[117] Dem Vorstand ist folglich eine Mitteilungspflicht aufzuerlegen, die bei börsennotierten Aktiengesellschaften auch der Vorgabe zur Offenlegung von Interessenkonflikten des Vorstands gemäß Ziff. 4.3.4 Satz 1 DCGK entnommen werden kann.[118] Dies ist jedoch noch nicht hinreichend, um den Ermessensspielraum des Aufsichtsrats bezüglich der Ausgestaltung der Vergütung zu erhalten. Daher ist neben der Offenlegung auch die gleichzeitige Zustimmung des Aufsichtsrats zur Drittvergütung erforderlich.[119] Demnach ist eine Drittvergütung mit § 87 Abs. 1 AktG nur vereinbar, wenn der Aufsichtsrat dieser vorher zugestimmt hat.

b) Mitgliedschaftliche Treuepflicht gegenüber den außenstehenden Aktionären
Des Weiteren könnte die Drittvergütung durch einen Aktionär gegen dessen mitgliedschaftliche Treuepflicht verstoßen.[120] Die mitgliedschaftliche Treuepflicht des Aktionärs ist mittlerweile als allgemeines Rechtsprinzip so anerkannt, dass sie keiner weiteren Begründung bedarf.[121] Ein Treuepflichtverstoß liegt deswegen nahe, weil der durch eine Drittvergütung geschaffene Anreiz dazu führen kann, dass

---

[115] Hölters-*Weber*, § 87, Rn. 13; *Bauer/Arnold*, DB 2006, 260 (265); *Cahn*, FS Hopt, 431 (432 ff.); *Diekmann*, FS Maier-Reimer, 75 (82); *Hohenstatt/Seibt/Wagner*, ZIP 2008, 2289 (2293).
[116] Hölters-*Weber*, § 87, Rn. 13; *Bauer/Arnold*, DB 2006, 260 (265); *Diekmann*, FS Maier-Reimer, 75 (82); *Mayer-Uellner*, AG 2011, 193 (199); *Spindler*, FS Hopt, 1407 (1423).
[117] *Hohaus/Koch-Schulte*, FS P+P, 93 (102); *Hohaus/Weber*, DStR 2008, 104 (107); *Mayer-Uellner*, AG 2011, 193 (199); *Pöllath*, FS Lüer, 571 (589).
[118] *Mayer-Uellner*, AG 2011, 193 (199); *Traugott/Grün*, AG 2007, 761 (768).
[119] Hölters-*Weber*, § 87, Rn. 13; *Bauer/Arnold*, DB 2006, 260 (265); *Bosse*, Vorstandsvergütung, Rn. 510; *Diekmann*, FS Maier-Reimer, 75 (83); *Hohaus/Weber*, DStR, 104 (105); *Lutter/Krieger*, Aufsichtsrat, § 7, Rn. 405; *Mayer-Uellner*, AG 2011, 193 (199); *Spindler*, FS Hopt, 1407 (1423); *Spindler*, Gutachten, S. 17 f; Hdb/Vorstandsrecht-*Thüsing*, § 4, Rn. 68; *Weber*, Transaktionsboni, S. 318; **a.A.** *Traugott/Grün*, AG 2007, 761 (768).
[120] *Hohaus/Weber*, DStR 2008, 104 (108); *Hohaus/Weber*, BB 2008, 2358 (2358 f.).
[121] BGHZ 103, 184 (194 f.); BGHZ 129, 136 (141 ff.); BGHZ 142, 167 (170 f.); *Fleischer*, WM 2003, 1045 (1047); *Hohaus/Weber*, DStR 2008, 104 (108); *Lutter*, ZHR 1998, 164 (166).

der Vorstand die Interessen der anderen Anteilseigner missachtet.[122] Ein fester Schwellenwert, bei dem eine Treuepflichtverletzung angenommen werden kann, existiert nicht und kann aufgrund der Einzelfallbezogenheit der Treuepflicht auch nicht pauschal konstituiert werden.[123] Entscheidender Anknüpfungspunkt für die Ermittlung eines Verstoßes in Drittvergütungskonstellationen muss daher die Anreizintensität sein, welche durch die Drittvergütung ausgelöst wird. Letztendlich hängt es allein von dieser ab, ob der Vorstand die Interessen der anderen Aktionäre bei seiner Ermessensausübung vollständig zurückstellt.[124] Konkretisierend kann zudem auf den vom BGH in der *Kali + Salz* Entscheidung entwickelten Verhältnismäßigkeitsgrundsatz als allgemeines Prinzip des Aktienrechts abgestellt werden.[125] Die Drittvergütung muss demnach sachlich gerechtfertigt und zur Erreichung eines im Unternehmensinteresse liegenden Zwecks geeignet, erforderlich und angemessen sein.[126] Liegen diese Voraussetzungen nicht vor, so ist ein Treuepflichtverstoß des drittvergütenden Aktionärs anzunehmen.[127]

5. Offenlegungspflicht gemäß § 285 HGB

Gemäß § 285 Nr. 9 lit. a) Satz 7 HGB sind im Anhang des Jahresabschlusses börsennotierter Aktiengesellschaften Leistungen, die einem Vorstandsmitglied von einem Dritten in Hinblick auf dessen Vorstandstätigkeit zusagt oder gewährt worden sind, anzugeben. Zweck der Vorschrift ist die Offenlegung von möglichen Interessenkonflikten des Vorstands.[128] Dritter ist dabei jede natürliche oder juristische Person, die nicht mit der aufstellungspflichtigen Aktiengesellschaft identisch ist,[129] also insbesondere auch ein die Drittvergütung gewährender Aktionär der Gesellschaft. Die Drittleistung muss zudem entsprechend dem Gesetzeszweck dazu geeignet sein, einen Interessenkonflikt zu begründen.[130] Dies wird bei einer Tasse Kaffee aus Anlass einer Besprechung sicherlich nicht der Fall

---

[122] *Hohaus/Weber*, DStR 2008, 104 (108 f.); *Hohaus/Weber*, BB 2008, 2358 (2359).
[123] *Hohaus/Weber*, DStR 2008, 104 (109); *Weber*, Transaktionsboni, S. 324.
[124] *Hohaus/Weber*, DStR 2008, 104 (109); *Weber*, Transaktionsboni, S. 323; für Aktienoptionspläne im faktischen Konzern: *Spindler*, DStR 2004, 36 (44).
[125] BGHZ, 71, 40 (44 ff.); siehe auch: BGHZ 83, 319 ff; BGHZ 125, 239 ff; BGHZ 136, 133 ff.
[126] *Hüffer*, § 186, Rn. 25; MüKo-*Peifer*, § 186, Rn. 72; *Weber*, Transaktionsboni, S. 324.
[127] *Hohaus/Weber*, DStR 2008, 104 (109); *Weber*, Transaktionsboni, S. 324 f.
[128] Empfehlung des Rechtsausschusses des Deutschen Bundestags, BT-Drucks. 15/5860, 10; siehe auch: BeckBilanzkomm-*Ellrott*, § 285, Rn. 190; *Mayer-Uellner*, AG 2011, 193 (199).
[129] Empfehlung des Rechtsausschusses des Deutschen Bundestags, BT-Drucks. 15/5860, 10; siehe auch: BeckBilanzkomm-*Ellrott*, § 285, Rn. 190; *Mayer-Uellner*, AG 2011, 193 (199).
[130] BeckBilanzkomm-*Ellrott*, § 285, Rn. 191; *Leuering/Simon*, NZG 2005, 945 (947).

sein, wohingegen die einmalige oder laufende Zahlung eines Finanzinvestors an ein Vorstandsmitglied einen Interessenkonflikt regelmäßig begründen wird.[131]

IV. Bewertung: Drittvergütung in der unabhängigen AG

In der Gesamtschau ergibt sich, dass die Drittvergütung des Vorstands in der unabhängigen Aktiengesellschaft nicht *per se* mit den aktienrechtlichen Vorgaben unvereinbar ist. Diese schreiben jedoch vor, dass der mit der Drittvergütung angestrebte Zweck jedenfalls dem Unternehmensinteresse und nicht nur dem Individualinteresse des Dritten entsprechen muss. Zur Wahrung des Ermessensspielraums des Aufsichtsrats hinsichtlich der Festlegung der Vorstandsvergütung ist es ferner notwendig, diesen von der Incentivierung in Kenntnis zu setzen sowie dessen Zustimmung einzuholen. Sind diese Voraussetzungen erfüllt, so ist die Drittvergütung in der unabhängigen Aktiengesellschaft mit geltendem Recht vereinbar.

---

[131] *Leuering/Simon*, NZG 2005, 945 (947); *Mayer-Uellner*, AG 2011, 193 (200).

D. Drittvergütung im Konzern

Der praktische Bedarf an durch Drittvergütung geschaffenen Anreizen existiert ferner nicht nur im Zusammenhang mit unabhängigen Gesellschaften, sondern auch im Konzernverbund. Dies resultiert zum einen aus der Weisungsunabhängigkeit des Vorstands im faktischen Konzern und zum anderen daraus, dass es auch im Vertragskonzern nicht ausgeschlossen ist, dass aufgrund von Informationsasymmetrien zwischen Tochtervorstand und dem herrschendem Unternehmen die dargelegten Agency-Probleme zumindest in abgeschwächter Form auftreten. Um die damit verbundenen Interessedivergenzen anzugleichen, kann es für das herrschende Unternehmen attraktiv sein, die Vorstandsmitglieder von Tochtergesellschaften mittels Drittvergütung für die Konzerninteressen zu gewinnen.

I. Besonderheit: Konstellation der mittelbaren Drittvergütung

In der unabhängigen Gesellschaft wurden unter dem Begriff der Drittvergütung bisher nur Konstellationen erörtert, in denen eine unmittelbare Vergütung des Vorstands durch Dritte erfolgt ist (unmittelbare Drittvergütung). Durch die rechtliche Gestaltungspraxis im Konzern wird die Vergütung der Vorstandsmitglieder von Tochtergesellschaften jedoch häufig nicht unmittelbar durch die herrschende Muttergesellschaft ausbezahlt.[132] Dies resultiert daraus, dass die herrschende Muttergesellschaft über ihren Einfluss auf den Aufsichtsrat der Tochter ohnehin die Vorstandsvergütung gemäß § 87 AktG selbst festlegen kann. Die rechtliche Problematik stellt sich daher häufig in einer mittelbaren Konstellation (mittelbare Drittvergütung), nämlich wenn die Vergütung zwar von der Tochtergesellschaft selbst ausgeschüttet wird, einzelne Vergütungsbestandteile jedoch auf den wirtschaftlichen Erfolg der Muttergesellschaft ausgerichtet werden.[133]

Unabhängig davon, ob die Drittvergütung unmittelbar vom Mutterunternehmen ausbezahlt, oder allein das Gehalt des Tochtervorstands auf deren Erfolg ausgerichtet wird, treten die einer drittbezogenen Vergütung immanenten Interessenkonflikte des Vorstands und die damit verbundenen rechtlichen Probleme in

---

[132] Zur Ausgestaltungspraxis: *Kallmeyer*, AG 1999, 97 (103); *Spindler*, FS Schmidt, 1529 (1536).
[133] Siehe dazu den Fall des OLG München. AG 2008, 593 (594); vgl. auch: *Arnold*, FS Bauer, 35 (36); *Hohenstatt/Seibt/Wagner*, ZIP 2008, 2289 (2292); *Spindler*, Gutachten, S. 20.

beiden Konstellation größtenteils parallel auf.[134] Dies liegt daran, dass in beiden Fällen ein Anreiz zur Förderung gesellschaftsfremder Interessen (denen der Muttergesellschaft) geschaffen wird, denn um das häufig am Börsenkurs der Mutter orientierte Erfolgsziel zu erreichen, wird der Vorstand der Tochtergesellschaft verstärkt darauf achten, das Tochterunternehmen so zu leiten, dass besonders die Mutter davon profitiert.[135] Aufgrund der rechtlich vergleichbaren Ausgangslage können im Folgenden die vorhandenen Erkenntnisse zur mittelbaren Drittvergütung auch hinsichtlich der unmittelbaren Variante fruchtbar gemacht werden.

II. Interessenlage der Parteien

Um ein besseres Verständnis für den Bedarf an Drittvergütungen im Konzern zu gewinnen, wird zunächst erneut auf die Interessenlage der Parteien eingegangen.

1. Interessen des herrschenden Aktionärs

Anders als bei unabhängigen Gesellschaften kann der herrschende Aktionär aufgrund seiner Personalgewalt ohne Weiteres Einfluss auf den Vorstand der abhängigen Gesellschaft nehmen. Diese Machtposition resultiert daraus, dass der herrschende Aktionär gemäß § 101 Abs. 1 Satz 1 AktG die Sitze der Anteilseigner im Aufsichtsrat mit ihm genehmen Personen besetzen und hierdurch mittelbar die Zusammensetzung des Vorstands kontrollieren kann (§ 84 Abs. 1, 3 AktG). Die Entscheidungsträger der Untergesellschaft werden sich daher im Hinblick auf ihre Entlastung, Wiederwahl und ihr Fortkommen im Konzern dem Willen des Mehrheitsaktionärs unterwerfen müssen.[136] In Konzernkonstellationen bedarf es daher keiner erstmaligen Herstellung eines Interessengleichlaufs zwischen den Vorständen der Tochtergesellschaften (Agent) und der Konzernmutter (Prinzipal).[137]

Dennoch können die Konzerninteressen durch eine Drittvergütung weiter gefestigt werden. So entfaltet der geschaffene Anreiz aufgrund der fortbestehenden

---

[134] Unterschiede ergeben sich in Bezug auf die Vereinbarkeit mit der Vergütungskompetenz des Aufsichtsrats gemäß § 87 AktG, vgl. dazu: OLG München. AG 2008, 593 ff.

[135] OLG München, AG 2008, 593 (594); *Arnold*, FS Bauer, 35 (36 f.); *Heidel*, FS Mehle, 247 (249 ff.); *Hohenstatt/Seibt/Wagner*, ZIP 2008, 2289 (2289); *Kallmeyer*, AG 1999, 97 (102); *Martens*, FS Ulmer, 399 (416); *Spindler*, Gutachten, S. 20; *Zitzewitz*, NZG 1999, 698 (699).

[136] *Mecke*, Konzernstruktur, S. 21 f; *Säcker*, ZHR 1987, 59 (59); *Tröger*, ZGR 2009, 447 (450).

[137] *v. Bredow*, Aktienoptionen, S. 136; *Tröger*, ZGR 2009, 447 (450).

Leitungsautonomie und der damit verbundenen Weisungsunabhängigkeit des Tochtervorstands überwiegend im faktischen Konzern seine volle Wirkung.[138] Demgegenüber besteht im Vertragskonzern gemäß § 308 AktG ein Weisungsrecht des herrschenden Unternehmens gegenüber dem Tochtervorstand, sodass ein zusätzlicher Anreiz nur noch bedingt notwendig erscheint. Entgegen dieser Annahme kann jedoch auch im Vertragskonzern ein Bedürfnis nach Drittvergütungen bestehen, denn aus Sicht des herrschenden Unternehmens genügt es nicht, dass die Geschäftsleitung des abhängigen Unternehmens nur den eigenen Unternehmenswert steigert. Vielmehr muss zusätzlich sichergestellt werden, dass die Wertsteigerung nicht auf Kosten anderer Konzernunternehmen geschieht, indem trotz größtmöglicher Wertsteigerung der Tochter nicht die größtmögliche Wertsteigerung des Gesamtkonzerns erreicht wird.[139] Daher reicht es nicht aus, nur einen Anreiz im Hinblick auf den Erfolg der Tochter zu schaffen, sondern die durch den Anreiz bezweckte Verhaltenssteuerung muss sich am Gesamtwohl des Konzerns - im Regelfall also der Muttergesellschaft - orientieren.[140] Aus diesem Grund hat die Muttergesellschaft auch im Konzern ein Interesse daran, die „Peitsche" der Personalgewalt durch das „Zuckerbrot" der anreizorientierten Vergütung zu ergänzen.[141]

2. Interessen des Vorstands der abhängigen Gesellschaft

Die Interessen des Tochtervorstands unterscheiden sich nicht wesentlich von denen in einer unabhängigen Gesellschaft. Zu beachten bleibt allein, dass ihm aufgrund der Personalgewalt der Mutter im faktischen Konzern bzw. dem Weisungsrecht im Vertragskonzern ein relativ geringer Handlungsspielraum verbleibt.[142]

3. Interessen der außenstehenden Aktionäre

Problematisch ist dagegen, dass neben den vertikalen Interessengegensatz zwischen Mehrheitsaktionär und Tochtervorstand in Konzernverhältnissen noch

---

[138] *v. Bredow*, Aktienoptionen, S. 151 f; *Winter*, Prinzipien, S. 181 f.
[139] *v. Bredow*, Aktienoptionen, S. 137; *Hohenstatt/Seibt/Wagner*, ZIP 2008, 2289 (2289); *Schmidt*, Unternehmenskonglomerate, S. 127; *Spindler*, Gutachten, S. 20.
[140] *Casper*, Optionsvertrag, S. 441; *Diller*, NZG 2009, 1006 (1009); *Säcker*, ZHR 1987, 59 (59 ff.); *Waldhausen/Schüller*, AG 2009, 179 (179), *Weilenmann*, ZfB 1989, 932 (934 ff.).
[141] *Tröger*, ZGR 2009, 447 (450 f.); vgl. auch *Kleinholz*, ZfB 1991, 259 (266 f.).
[142] *Mecke*, Konzernstruktur, S. 21 f; *Säcker*, ZHR 1987, 59 (59); *Tröger*, ZGR 2009, 447 (450).

ein zusätzlicher horizontaler hinzutritt, welchen es zu beachten gilt - nämlich denjenigen zwischen herrschenden und außenstehenden Aktionären.[143] Aus Sicht der außenstehenden Aktionäre führt die durch die Drittvergütung ausgelöste Anreizwirkung nämlich nicht zu einer Entschärfung des Principal-Agent-Konflikts, sondern sie verstärkt vielmehr dessen schädliches Potential. So erscheint es nicht unwahrscheinlich, dass der Vorstand der Tochter aufgrund des mutterbezogenen Vergütungsanreizes verstärkt dazu übergehen wird, die abhängige Tochter zu Gunsten der herrschenden Mutter zu benachteiligen.[144] Daher muss im Hinblick auf die Zulässigkeit der Drittvergütung im Konzern insbesondere untersucht werden, inwieweit das geltende Aktien- und Konzernrecht einer solchen Verschärfung des sogenannten Konzernkonflikts überhaupt noch zugänglich ist.[145]

III. Aktueller Meinungsstand

1. Literatur

Ob und inwieweit die Drittvergütung im Konzern aktienrechtlich zulässig ist, wurde insbesondere in Bezug auf die Beteiligung von Tochtervorständen an Aktienoptionsprogrammen der Mutter bereits vor dem Inkrafttreten des KonTraG diskutiert. In einer Anhörung zum Referentenentwurf hat sich *Baums* dafür ausgesprochen, die Gewährung von Aktienoptionen der Mutter an Organwalter der Tochter nur im Vertragskonzern sowie - beim Fehlen von Minderheitsaktionären - im faktischen Konzern zuzulassen.[146] Begründet hat *Baums* dies mit dem ansonsten entstehenden Interessenkonflikt des Tochtervorstands, zukünftig zum Nachteil seiner eigenen Gesellschaft den Aktienkurs der Muttergesellschaft zu maximieren. Dies sei jedenfalls im faktischen Konzern beim Vorhandensein von außenstehenden Aktionären nicht hinnehmbar. Dem haben sich mehrere namhafte Vertreter in der Literatur angeschlossen.[147] *Krieger* stellt hingegen auf den

---

[143] *Tröger*, ZGR 2009, 447 (450); vgl. auch: *Käpplinger*, Kontrolle, S. 97.

[144] *Casper*, Optionsvertrag, S. 441; *Heidel*, FS Mehle, 247 (249); *Tröger*, ZGR 2009, 447 (451).

[145] *Casper*, Optionsvertrag, S. 441; *Käpplinger*, Kontrolle, S. 97; *Tröger*, ZGR 2009, 447 (451).

[146] *Baums*, AG-Sonderheft 1997, 26 (35 f.); so auch: *Baums*, FS Claussen, 1997, 3 (12).

[147] Großkomm-*Frey*, § 192, Rn. 101; MüKo-*Fuchs*, § 192, Rn. 90; *Hüffer*, § 192, Rn. 20; Großkomm-*Kort*, § 87, Rn. 153; Bürgers/Körber-*Marsch-Barner*, § 192, Rn. 17; KK-*Mertens/Cahn*, § 87, Rn. 11; MüKo-*Spindler*, § 87, Rn. 51; Heidel-*Wagner*, § 193, Rn. 14; MünchHdb/AG-*Wiesner*, § 21, Rn. 42; *Casper*, Optionsvertrag, S. 444 f; Semler/v.Schenck-*Fonk*, § 9, Rn. 145; *Heidel*, FS Mehle, 247 (253 ff.); *Hoffmann-Becking*, NZG 1999, 797 (803); Marsch-Barner/Schäfer-*Holzborn*, § 50, Rn. 90; *Kallmeyer*, AG 1999, 97 (102); *Schüller*, Vorstandsvergütung, S. 142; *Semler*, FS Budde, 599 (604); *Spindler*, DStR 2004, 36 (44 f.);

eindeutigen Wortlaut des § 192 Abs. 2 Nr. 3 AktG ab, der keine Restriktionen hinsichtlich der Zulässigkeit vorsieht, und will folglich die Drittvergütung mit Aktienoptionen auch im faktischen Konzern zulassen.[148] Dem hat sich auch *Martens* angeschlossen und begründet dies mit dem ausreichenden Schutzsystem der §§ 311 ff. AktG.[149] Differenzierende Stellungnahmen rekurrieren dagegen auf die konkrete Ausgestaltung des Aktienoptionsprogramms im Einzelfall.[150]

2. Rechtsprechung

Mit dem Urteil des OLG München vom 07.05.2008[151] liegt auch erstmals eine obergerichtliche Entscheidung zur Frage der rechtlichen Zulässigkeit von mittelbaren Drittvergütungen im Konzern vor. Das OLG hat darin festgestellt, dass drittbezogene Vergütungssysteme für Vorstände von Tochtergesellschaften unzulässig sind, sofern sich der „überwiegende Teil" der Vergütung nach dem Börsenkurs der Muttergesellschaft richtet.[152] Der BGH hat die Revision zur Entscheidung nicht angenommen und lediglich in einem Nebensatz angemerkt, dass sich die Ausführungen des OLG München weit von § 87 AktG entfernt hätten.[153]

IV. Rechtliche Zulässigkeit

Unter Berücksichtigung dieser Besonderheiten des Konzernrechts gilt es nun zu untersuchen, inwieweit die Frage der rechtlichen Zulässigkeit von Drittvergütungen anders als in der unabhängigen Aktiengesellschaft zu beurteilen ist.

Spindler, Gutachten, S. 20 ff; Hdb/Vorstandsrecht-*Thüsing*, § 6, Rn. 51; *Tröger*, ZGR 2009, 447 (453 ff.); *Vollmer*, FS Großfeld, 1269 (1279 ff.); *Zitzewitz*, NZG 1999, 698 (700 f.).

[148] MünchHdb/AG-*Krieger*, § 63, Rn. 39; so auch: Schmidt/Lutter-*Vetter*, § 311, Rn. 33; *Arnold*, FS Bauer, 35 (41 ff.); *Binder*, BB 2008, 131 (132); *Habersack*, FS Raiser, 111 (118 ff.); *Habersack*, NZG 2008, 634 (635); *Hohenstatt/Seibt/Wagner*, ZIP 2008, 2289 ff; Schüppen/Schaub-*Kutsch*, § 32, Rn. 96; *Lutter/Krieger*, Aufsichtsrat, § 7, Rn. 400; *Reichert/Balke*, FS Hellwig, 285 (288); *Waldhausen/Schüller*, AG 2009, 179 (180 f.).

[149] *Martens*, FS Ulmer, 399 (416 f.).

[150] Spindler/Stilz-*Rieckers*, § 192, Rn. 61b; *Friedrichsen*, Aktienoptionsprogramme, S. 210; Achleitner/Wollmert-*Klawitter*, S. 71 f; *Seibert*, Entlohnungssysteme, S. 42; *Goette*, FS Hopt, 689 (697 ff.); wohl auch: Schmidt/Lutter-*Veil*, § 192, Rn. 25; *Hommelhoff*, FS Goette, 169 (175 f.).

[151] OLG München, AG 2008, 593 ff.

[152] OLG München, AG 2008, 593 (594); **a.A.** wohl LG München I, AG 2008, 133 (134).

[153] BGH, AG 2010, 79 (79).

1. Mögliche Vorentscheidung des Gesetzgebers

Dafür ist zunächst erneut zu überprüfen, ob bereits eine ausdrückliche oder wenigstens durch systematische Auslegung ermittelbare Stellungnahme des Gesetzgebers bezüglich der Zulässigkeit von Drittvergütungen im Konzern existiert.

a) Vorgabe des § 192 Abs. 2 Nr. 3 AktG[154]

Sedes materiae hinsichtlich drittbezogener Vergütungsregelungen im Konzern ist der mit dem KonTraG neugefasste § 192 Abs. 2 Nr. 3 AktG. Dieser sieht vor, dass eine bedingte Kapitalerhöhung auch zum Zweck der Gewährung von Bezugsrechten an Mitglieder der Geschäftsführung eines verbundenen Unternehmens beschlossen werden kann. Vom Wortlaut der Norm ausgehend, spricht rechtlich offenbar nichts dagegen, auch den Vorstandsmitgliedern von Tochtergesellschaften Bezugsrechte auf Aktien der Muttergesellschaft einzuräumen. Schließlich stellt die Vorschrift neutral auf „verbundene Unternehmen" ab, ohne weitere Einschränkungen in Hinblick auf deren Art der Konzernierung vorzunehmen.[155] Allerdings kann aus dem Fehlen einer ausdrücklichen Ausnahmeregelung im Rahmen des § 192 Abs. 2 Nr. 3 AktG nicht zwingend auf die generelle Zulässigkeit der mutterorientierten Anreizvergütung des Tochtervorstands geschlossen werden - schließlich wäre ein solches Verbot im Organisationsrecht der Mutter systematisch deplatziert.[156] Demnach ist es genauso gut möglich, dass sich der Regelungsgehalt des § 192 Abs. 2 Nr. 3 AktG darauf beschränkt, nur eventuelle Hindernisse aus dem Organisationsrecht der Mutter auszuräumen.[157] Dies überzeugt insbesondere vor dem Hintergrund, dass auch der BGH jüngst wieder die organisationsrechtliche Selbstständigkeit der Konzernglieder betont hat.[158] Von dieser Prämisse ausgehend, scheint es zumindest unüblich, dass einer Norm aus dem Verbandsrecht der Mutter eine derart weitreichende Einwirkung auf die Schutzvorschriften der Tochter zugestanden werden soll. Schließlich wird dabei nichts Geringeres als die Überlagerung des Verbandszwecks der Tochter unterstellt.[159] Dem Wortlaut kann damit keine abschließende Aussage über die Zulässigkeit der Drittvergütung in Konzernkonstellationen entnommen werden.

---

[154] Siehe zu den allgemeinen gesetzlichen Ausprägungen der Drittvergütung: C.III.1.

[155] *Arnold*, FS Bauer, 35 (41 f.); *Habersack*, FS Raiser, 111 (118); *Hohenstatt/Seibt/Wagner*, ZIP 2008, 2289 (2292); *Martens*, FS Ulmer, 399 (416 f.); *Reichert/Balke*, FS Hellwig, 285 (290).

[156] *Casper*, Optionsvertrag, S. 442; *Tröger*, ZGR 2009, 447 (457).

[157] *Casper*, Optionsvertrag, S. 442; *Tröger*, ZGR 2009, 447 (457); **a.A.** *Arnold*, FS Bauer, 35 (41).

[158] BGHZ 166, 84 (98 f.).

[159] So auch: *Tröger*, ZGR 2009, 447 (457).

Allerdings liefert dieser neben systematischen und teleologischen Erwägungen ohnehin häufig nicht mehr als eine erste Annäherung an die Problemlösung. Anders wäre dies nur zu beurteilen, wenn sich der Gesetzgeber der rechtlichen Problematik sehr wohl bewusst gewesen ist und in deren Kenntnis auf eine bestimmte Formulierung zurückgegriffen hat.[160] Daraufhin gilt es, die Gesetzesbegründung zu untersuchen.

b) Gesetzesbegründung (KonTraG)

Auch diese ist jedoch ambivalent und lässt mehrere Deutungsvarianten zu.[161] So wird zum einen festgestellt, dass „Doppelbezüge von Vorständen, die zugleich gesetzlicher Vertreter in Töchtern sind, tunlichst zu meiden sind."[162] Darauf folgend heißt es: „Bei Tochtergesellschaften, die sich nicht im hundertprozentigen Besitz der Gesellschaft befinden, wird im Hinblick auf die außenstehenden Eigentümer sorgfältig zu prüfen sein, ob eine einseitige Motivation von deren Organen und Führungskräften auf die Wertentwicklung der Mutter zu rechtfertigen ist."[163] Letztlich wird die Konstellation der Bezugsberechtigung von Organen der Mutter auf Aktien der Tochter ausdrücklich ausgeschlossen.[164]

Im Vorfeld des KonTraG wurde von *Baums*[165] Kritik am Referentenentwurf geübt, der im Gegensatz zur obigen Gesetzesbegründung noch keinerlei Einschränkung hinsichtlich der Einräumung von Aktienoptionen an die Geschäftsführung verbundener Unternehmen vorsah.[166] Nachdem der Gesetzgeber dennoch von einer Einschränkung des Anwendungsbereichs des § 192 Abs. 2 Nr. 3 AktG auf den Vertragskonzern und die Tochtergesellschaften ohne außenstehende Aktionäre abgesehen hat, könnte man dem *e contrario* entnehmen, dass es dem ausdrücklichen Willen des Gesetzgebers entspricht, eine Drittvergütung des Vorstands als zulässig anzusehen.[167] Dies scheint besonders vor dem Hintergrund überzeugend, dass der Regierungsentwurf sehr wohl durch einschränkende Änderungen gegenüber dem Referentenentwurf ergänzt wurde. So war im Referentenentwurf noch die Gewährung von Aktienoptionen auch an Mitglieder

---

[160] *Habersack*, FS Raiser, 111 (118); so auch: *Habersack*, NZG 2008, 634 (634).
[161] *Spindler*, FS Schmidt, 1529 (1536 f.); *Tröger*, ZGR 2009, 447 (458).
[162] Begr. RegE BT-Drucks. 13/9712, S. 23.
[163] Begr. RegE BT-Drucks. 13/9712, S. 23 f.
[164] Begr. RegE BT-Drucks. 19/9712, S. 24.
[165] *Baums*, AG-Sonderheft 1997, S. 26 (35 f.); so auch: *Baums*, FS Claussen, 3 (12).
[166] RefE abgedruckt in ZIP 1996, 2129 (2137 f.).
[167] *Arnold*, FS Bauer, 35 (41 f.); *Habersack*, FS Raiser, 111 (119); *Hohenstatt/Seibt/Wagner*, ZIP 2008, 2289 (2292); *Martens*, FS Ulmer, 399 (416 f.); *Reichert/Balke*, FS Hellwig, 285 (290).

des Aufsichtsrats von verbundenen Unternehmen vorgesehen,[168] was sich jedoch weder im Regierungsentwurf noch im heutigen Aktiengesetz wiederfindet und auch in der *Mobilcom*-Entscheidung des BGH[169] unter Hinweis auf die Entstehungsgeschichte und den eindeutigen Wortlaut des § 192 Abs. 2 Nr. 3 AktG abgelehnt wurde.[170] Dieser Schluss ist jedoch nicht zwingend. So kann der einschränkenden Wortwahl in der Gesetzesbegründung („sorgfältig zu prüfen"[171]) zumindest entnommen werden, dass eine vorbehaltlose Zulässigkeit von mutterbezogenen Aktienoptionsprogrammen in Tochtergesellschaften nicht gewollt sein kann. Unterstrichen wird dies dadurch, dass sich im AktG nichts zu der vom Gesetzgeber in der Gesetzesbegründung ausdrücklich ausgeschlossenen Konstellation, nämlich Optionsprogrammen für Vorstände der Muttergesellschaft bezüglich Aktien von Tochtergesellschaften, wiederfindet.[172] Auch den Gesetzesmaterialien kann demnach keine abschließende und vor allem keine eindeutige Regelung entnommen werden. Anknüpfungspunkt zur Untersuchung der Zulässigkeit von Drittvergütungen im Konzern müssen daher erneut die allgemeinen Vorgaben des Aktienrechts sein.[173]

2. Aktienrechtliche Vorgaben im faktischen Konzern

Für die Beurteilung der rechtlichen Zulässigkeit von Drittvergütungen ist zwischen den unterschiedlichen Konzernkonstellationen zu unterscheiden. Zunächst soll untersucht werden, inwieweit die hinsichtlich der unabhängigen Aktiengesellschaft gewonnenen Grundsätze im faktischen Konzern modifiziert werden.

a) Wahrung des Unternehmensinteresses der Tochtergesellschaft

Für die unabhängige AG wurde herausgearbeitet, dass deren verbandsrechtliche Vorgaben eine Drittvergütung nur dann zulassen, wenn sich die Vergütung an deren Unternehmensinteresse orientiert.[174] Diese Vorgabe wird jedoch im faktischen Konzern im Regelfall nicht erfüllt sein - so wird sich die Drittvergütung

---

[168] RefE, ZIP 1996, 2129 (2137); vgl. *Habersack*, FS Raiser, 111 (119); *Lutter*, ZIP 1997, 1 (7).
[169] BGHZ 158, 122 (125 ff.).
[170] *Habersack*, FS Raiser, 111 (119); *Habersack*, NZG 2008, 634 (634).
[171] Begr. RegE BT-Drucks. 13/9712, S. 23 f.
[172] *Spindler*, FS Schmidt, 1529 (1537); *Spindler*, Gutachten, S. 22; *Tröger*, ZGR 2009, 447 (458 f.); **a.A.** *Habersack*, FS Raiser, 111 (120); *Jooß*, Drittanstellung, S. 233.
[173] So im Ergebnis auch: OLG München, AG 2008, 593 (593 ff.); *Arnold*, FS Bauer, 35 (44 ff.); *Diekmann*, FS Maier-Reimer, 75 (78); *Habersack,* FS Raiser, 111 (120); *Heidel*, FS Mehle, 247 (249 ff.); *Spindler*, FS Schmidt, 1529 (1537 ff.); *Tröger*, ZGR 2009, 447 (458 f.).
[174] Siehe dazu: C.III.3.b)aa); C.III.4.b).

durch die Mutter üblicherweise an deren Erfolgszielen und gerade nicht am Unternehmensinteresse der Tochtergesellschaft orientieren. Demnach gilt es, zu überprüfen, ob die verbandsrechtliche Schranke des „Unternehmensinteresses" im faktischen Konzern möglicherweise anderweitig überlagert ist.[175] Zwar bleibt auch in der faktisch beherrschten AG der Verbandszweck grundsätzlich auf autonome Gewinnerzielung gerichtet, die heute vorherrschende Meinung geht innerhalb der Vorgaben der Schutzvorschriften gemäß §§ 311 ff. AktG jedoch davon aus, dass die Unterstellung unter die einheitliche Leitung der Mutter und die damit verbundene nachteilige Einflussnahme auch ohne Beherrschungsvertrag zulässig sind.[176] Unter dem Vorbehalt des Nachteilsausgleichs besteht also durchaus die Möglichkeit, die abhängige Gesellschaft in das Konzerninteresse einzubinden und damit deren Ausrichtung auf das eigene Unternehmensinteresse zu überlagern.[177] Dies ist allerdings nur solange der Fall, wie die aus der Leitung im Konzerninteresse resultierenden Vermögensnachteile ausgeglichen werden können.[178]

aa) Funktionsfähigkeit des Systems des gestreckten Einzelausgleichs

Entscheidend für die Zulässigkeit der Drittvergütung im faktischen Konzern ist damit die Funktionsfähigkeit des Systems des gestreckten Einzelausgleichs gemäß §§ 311 ff. AktG.[179] Dabei geht es in der hier vorliegenden Konstellation zunächst nicht darum, ob der abhängigen Gesellschaft durch die Vereinbarung der Dritt- vergütung selbst ein Nachteil zugefügt wird. Vielmehr geht um die vorgelagerte Frage, inwieweit die Untergesellschaft im Konzerninteresse umstrukturiert werden darf, ohne dass der konzernrechtliche Schutzmechanismus des gestreckten Einzelausgleichs seine Funktionsfähigkeit verliert.[180]

---

[175] Ähnlich auch *Tröger*, ZGR 2009, 447 (460).
[176] BGHZ 179, 71 (74 ff.); MüKo-*Altmeppen*, § 311, Rn. 29; Bürgers/Körber-*Fett*, § 311, Rn. 3; Emmerich/Habersack-*Habersack*, § 311, Rn. 8; *Hüffer*, § 311, Rn. 6; KK-*Koppensteiner*, § 311, Rn. 155 ff; MünchHdb/AG-*Krieger*, § 69, Rn. 22; Spindler/Stilz-*Müller*, Vor § 311, Rn. 1; Schmidt/Lutter-*Vetter*, § 311, Rn. 6 f; *Diekmann*, FS Maier-Reimer, 75 (78); *Habersack*, FS Raiser, 111 (121); *Spindler*, FS Schmidt, 1529 (1538); *Tröger*, ZGR 2009, 447 (461); **a.A.** *Bälz*, AG 1992, 277 (303 f.); *Reuter*, ZHR 1982, 1 (10); *Würdinger*, DB 1973, 45 (46).
[177] *Habersack*, FS Raiser, 111 (122); *Hohenstatt/Seibt/Wagner*, ZIP 2008 2289 (2293).
[178] BGHZ 179, 71 (74 ff.); MüKo-*Altmeppen*, § 311, Rn. 1; Großkomm-*Frey*, § 192, Rn. 101; Emmerich/Habersack-*Habersack*, § 311, Rn. 9; *Hüffer*, § 311, Rn. 42; KK-*Koppensteiner*, § 311, Rn. 54; MünchHdb/AG-*Krieger*, § 69, Rn. 23; Schmidt/Lutter-*Vetter*, § 311, Rn. 7; *Diekmann*, FS Maier-Reimer, 75 (78); *Hohenstatt/Seibt/Wagner*, ZIP 2008, 2289 (2292).
[179] KK-*Mertens/Cahn*, § 87, Rn. 11; *Casper*, Optionsvertrag, S. 444 f; *Diekmann*, FS Maier-Reimer, 75 (78); *Habersack*, FS Raiser, 111 (121); *Hohenstatt/Seibt/Wagner*, ZIP 2008, 2289 (2292); *Spindler*, FS Schmidt, 1529 (1538); *Tröger*, ZGR 2009, 447 (466 ff.).
[180] KK-*Mertens/Cahn*, § 87, Rn. 11; *Tröger*, ZGR 2009, 447 (467).

(1) Faktischer Ausschluss des Anwendungsbereichs

Zunächst muss davon ausgegangen werden, dass eine Drittvergütung, die vom Erfolg der Muttergesellschaft abhängig ist, häufig dazu führen wird, dass der Vorstand das Eigeninteresse der abhängigen Tochtergesellschaft vernachlässigen wird, sofern dies anderenfalls einen negativen Einfluss auf seine Vergütung zur Folge hätte.[181] Bildlich gesprochen senkt sich die zunächst neutral ausgerichtete Waagschale seiner Entscheidung aufgrund der Anreizwirkung dann im Zweifel zugunsten der Maßnahme im Konzerninteresse.[182] Dadurch wird das System des gestreckten Einzelausgleichs jedoch in seinen Grundfesten erschüttert. Dies begründet sich damit, dass die Eröffnung des Anwendungsbereichs der §§ 311 ff. AktG eine Veranlassung durch das herrschenden Unternehmens voraussetzt. Eine solche kann *qua definition* allerdings nur in einer zielgerichteten Einflussnahme gesehen werden, auf welche die nachteilige Leitungsmaßnahme der abhängigen Gesellschaft kausal zurückgeht.[183] Diese zielgerichtete Einflussnahme wird aufgrund des mit der Drittvergütung ausgelösten „vorauseilenden Gehorsams" jedoch gerade nicht mehr erforderlich sein, womit das Schutzsystem des faktischen Konzerns von vornherein seinem Anwendungsbereich beraubt wird.[184] Der besondere Charme einer Drittvergütung des Tochtervorstands aus Sicht des herrschenden Unternehmens liegt also darin, dass durch den damit geschaffenen Anreiz schon die Notwendigkeit einer Veranlassung etwaiger nachteiliger Maßnahmen im Sinne des § 311 Abs. 1 AktG regelmäßig entfallen wird.[185] Ähnlich argumentiert auch das OLG München, wenn es davon ausgeht, dass die Durchsetzung des Ausgleichsanspruchs des § 311 Abs. 2 AktG durch den Vorstand, der für den Nachteil selbst verantwortlich wäre, wenig wahrscheinlich erscheint.[186] Außer in Ausnahmekonstellationen[187] wird demnach das Schutzsystem vollständig aus der Balance gebracht, weshalb eine Drittvergütung, die nicht dem Tochterinteresse entspricht, im faktischen Konzern im Hinblick auf den nicht

---

[181] MüKo-*Fuchs*, § 192, Rn. 90; KK-*Mertens/Cahn*, § 87, Rn. 11; MüKo-*Spindler*, § 87, Rn. 43; Schmidt/Lutter-*Veil*, § 192, Rn. 24; *Hoffmann-Becking*, NZG 1999, 799 (803); *Schüller*, Vorstandsvergütung, S. 142; *Semler*, FS Budde, 599 (604); *Spindler*, FS Schmidt, 1529 (1538).

[182] *Spindler*, Gutachten S. 22 f.

[183] Emmerich/Habersack-*Habersack*, § 311 Rn. 22 ff; KK-*Koppensteiner*, § 311, Rn. 2 ff; Spindler/Stilz-*Müller*, § 311, Rn. 12; Schmidt/Lutter-*Vetter*, § 311, Rn. 25 ff.

[184] Großkomm-*Kort*, § 87, Rn. 143; KK-*Mertens/Cahn*, § 87, Rn. 11; *Tröger*, ZGR 2009, 447 (467); **a.A.** MünchHdb/AG-*Krieger*, § 63, Rn. 39; Schmidt/Lutter-*Veil*, § 192, Rn. 25.

[185] *Tröger*, ZGR 2009, 447 (467); so im Ansatz wohl auch: KK-*Mertens/Cahn*, § 87, Rn. 11.

[186] OLG München, AG 2008, 593 (594 f.); so auch: *Zitzewitz*, NZG 1999, 698 (701); **a.A.** *Hohenstatt/Seibt/Wagner*, ZIP 2008, 2289 (2293); *Waldhausen/Schüller*, AG 2009, 179 (183).

[187] Siehe dazu noch: D.IV.2.a)bb).

mehr gewährleisteten Minderheiten- und Gläubigerschutz nicht mit geltendem Konzernrecht vereinbar ist.[188]

(2) Drittvergütung als solche als nachteilige Maßnahme?

Anders verhielte es sich nur, wenn man die Drittvergütung durch die Muttergesellschaft selbst als nachteilige Maßnahme iSd. § 311 Abs. 1 AktG verstünde und damit den Anwendungsbereich des Schutzsystems nach vorne verlagerte.[189] Grundsätzlich ist es anerkannt, dass auch allgemein gehaltene Anweisungen oder Richtlinien von § 311 Abs. 1 AktG erfasst werden können,[190] doch würde der Begriff der Veranlassung überdehnt, wollte man die bloße Schaffung eines Motivationsanreizes bereits als eine solche begreifen.[191] Schließlich bestehen identische Anreizmechanismen beispielsweise bereits aufgrund der Abhängigkeit der konzerninternen Karrierechancen vom erfolgreichen Agieren der Tochtervorstände im Konzerninteresse.[192] Auch diesem Anreiz wurde bisher jedoch noch keine Veranlassung iSd. § 311 Abs. 1 AktG entnommen.[193]

(3) Zulässigkeit aufgrund bloßer Kumulation der Anreize?

Teilweise wird dem entgegengehalten, dass sich der Vorstand der abhängigen Tochtergesellschaft auch unabhängig von einer Drittvergütung ständig unter dem „Damoklesschwert" der Abberufung durch den Aufsichtsrat befindet, da dieser auch im faktischen Konzern häufig mehrheitlich von Vertretern der Muttergesellschaft besetzt sein wird.[194] Somit bestehe für den Vorstand auch ohne die Drittvergütung eine dauerhafte Abhängigkeitslage zur Obergesellschaft, sodass es keinen Unterschied machen dürfe, ob er durch diese dazu gebracht wird, die

---

[188] OLG München AG 2008, 593 (594 f.); Großkomm-*Frey*, § 193, Rn. 68; KK-*Mertens/Cahn*, § 87, Rn. 11; *Baums*, AG-Sonderheft 1997, 26 (35); *Casper*, Optionsvertrag, S. 444 f; *Diekmann*, FS Maier-Reimer, 75 (79); *Spindler*, FS Hopt, 1407 (1422); *Spindler*, FS Schmidt, 1529 (1538 f.); *Tröger*, ZGR 2009, 447 (467 f.); *Zitzewitz*, NZG 1999, 698 (701).

[189] In diese Richtung: *Friedrichsen*, Aktienoptionen, S. 208 f; *Käpplinger*, Inhaltskontrolle, S. 97; *Lange*, Forum Unternehmenskauf 2004, 115 (134 f.).

[190] LG Köln, AG 2008, 327 (331); MüKo-*Altmeppen*, § 311, Rn. 76; Emmerich/Habersack-*Habersack*, § 311, Rn. 23, *Hüffer*, § 311, Rn. 16; KK-*Koppensteiner*, § 311, Rn. 16; Münch-Hdb/AG-*Krieger*, § 69, Rn. 74; Hölters-*Leuering/Goertz*, § 311, Rn. 40; Spindler/Stilz-*Müller*, § 311, Rn. 12; Schmidt/Lutter-*Vetter*, § 311, Rn. 25.

[191] *Tröger*, ZGR 2009, 447 (467); *Zitzewitz*, NZG 1999, 698 (701 f.); vgl. KK-*Koppensteiner*, § 311, Rn. 2; *Kallmeyer*, AG 1999, 97 (103), der annimmt, die Drittvergütung bewirke keine Verschlechterung der Ertragslage; **a.A.** Schmidt/Lutter-*Vetter*, § 311, Rn. 33.

[192] *Dierdorf*, Herrschaft, S. 45 ff; *Mecke*, Konzernstruktur, S. 21; *Tröger*, ZGR 2009, 447 (468).

[193] *Tröger*, ZHR 2009, 447 (468); *Zitzewitz*, NZG 1999, 698 (701 f.).

[194] Spindler/Stilz-*Rieckers*, § 192, Rn. 61a; *Habersack*, FS Raiser, 111 (123 f.); *Hohenstatt/Seibt/Wagner*, ZIP 2008, 2289 (2294); *Martens*, FS Ulmer, 399 (416 f.).

Interessen der Obergesellschaft noch stärker zu gewichten.[195] Dabei wird jedoch übersehen, dass der Vorstand bei einer Drittvergütung noch zusätzliche, über seine schon bestehende Abhängigkeitslage hinausgehende Anreize erhält, das Eigeninteresse der Tochtergesellschaft hinter das der Konzernmutter anzustellen.[196] Das Schutzsystem der §§ 311 ff. AktG, dessen Leistungsfähigkeit ohnehin schon bemängelt wird,[197] würde daher noch weiter untergraben, sodass es erst recht nicht mehr im Stande wäre, das erforderliche Schutzniveau für die Minderheitsaktionäre und Gläubiger zu gewährleisten.[198] Damit geht entgegen der Kritik von *Habersack* auch kein Paradigmenwechsel zu einem anlassunabhängigen Schutzkonzept wie sonst nur im Vertragskonzern einher.[199] Schließlich ist für die Beurteilung der Zulässigkeit von Drittvergütungen allein entscheidend, ob das System des gestreckten Einzelausgleichs trotz der mit der Drittvergütung verbundenen verstärkten Ausrichtung auf das Konzerninteresse bei zukünftigen nachteiligen Maßnahmen noch das notwendige Schutzniveau zu leisten im Stande ist.[200]

(4) Verbot der Drittvergütung als Relikt des qualifiziert faktischen Konzerns?
Zudem kann gegen die Unvereinbarkeit mit dem Schutzsystem der §§ 311 ff. AktG auch nicht eingewandt werden, ein derartiges Verbot stelle ein Relikt des qualifizierten faktischen Konzerns dar.[201] Zwar hat der BGH in der Entscheidung „Bremer-Vulkan" die Gläubigerschutzproblematik für die GmbH aus ihrem konzernrechtlichen Kontext gelöst und bewältigt diese nun über das Verbot der sittenwidrigen Schädigung gemäß § 826 BGB,[202] doch besagt dies nicht, dass nicht dennoch auf weitere Instrumente zur Gewährleistung des Minderheitenschutzes im faktischen AG-Konzern zurückgegriffen werden darf.[203] Schließlich geht es auch nicht darum, eine vollständige Verlustübernahme gemäß § 302 AktG

---

[195] Spindler/Stilz-*Rieckers*, § 192, Rn. 61a; *Habersack*, FS Raiser, 111 (123 f.); *Hohenstatt/Seibt/Wagner*, ZIP 2008, 2289 (2294); *Martens*, FS Ulmer, 399 (416 f.).
[196] *Spindler*, FS Schmidt, 1529 (1538 f.); *Tröger*, ZGR 2009, 447 (466 f.).
[197] Zur generellen Kritik: KK-*Koppensteiner*, Vor § 311, Rn. 21; *Großfeld*, Aktiengesellschaft, S. 218 f; *Koppensteiner*, ZGR 1973, 1 (11 f.); *Kronstein*, FS Geßler, 219 (222).
[198] OLG München AG 2008, 593 (594); Großkomm-*Frey*, § 192, Rn. 101; *Hüffer*, § 192, Rn. 20; *Baums*, Sonderheft-AG 1997, 26 (35 f.); *Hoffmann-Becking*, NZG 1999, 799 (803); *Kallmeyer*, AG 1999, 97 (102); *Spindler*, FS Schmidt, 1529 (1539); *Zitzewitz*, NZG 1999, 698 (700).
[199] *Habersack*, FS Raiser, 111 (124); so auch: Spindler/Stilz-*Rieckers*, § 192, Rn. 61a.
[200] KK-*Mertens/Cahn*, § 87, Rn. 11; *Baums*, AG-Sonderheft 1997, 26 (35); *Diekmann*, FS Maier-Reimer, 75 (78 f.); *Lindermann*, AG 1987, 225 (236); *Spindler*, FS Schmidt, 1529 (1539); *Spindler*, Gutachten, S. 24; *Tröger*, ZGR 2009, 447 (466 ff.).
[201] *Habersack*, FS Raiser, 111 (125 f.); so auch: *Jooß*, Drittanstellung, S. 233.
[202] BGHZ 149, 10 (16 f.); sich dem anschließend: BGHZ 150, 61 (67); BGHZ 151, 181 (186 f.); BGH, BB 2005, 232 (233); BGH, BB 2005, 286 (287); BGH, BB 2007, 1970 (1972).
[203] *Tröger*, ZGR 2009, 447 (471); zumal umstritten ist, inwieweit die Abschaffung des qualifiziert faktischen Konzerns für die GmbH überhaupt Auswirkungen auf die AG hat, siehe dazu: Emmerich/Habersack-*Habersack*, Anh. § 317, Rn. 5; MünchHdb/AG-*Krieger*, § 69, Rn. 134.

zu etablieren, sondern den Schutz der Außenstehenden durch allgemein gültige konzernrechtliche Schutzinstrumente sicherzustellen.[204]

(5) Wertungswiderspruch zur Zulässigkeit von Vorstandsdoppelmandaten?

Fraglich ist, ob dieses Ergebnis in einem Wertungswiderspruch zu der gesetzlich normierten Zulässigkeit von Vorstandsdoppelmandaten steht.[205] So kann § 88 Abs. 1 Satz 2 AktG die ausdrückliche Entscheidung des Gesetzgebers entnommen werden, dass Doppelmandate im Konzern zulässig sind.[206] Der Interessenkonflikt eines doppelt bestellten Vorstands ist dabei jedoch weitaus größer als der eines Vorstandsmitglieds, das ohne gleichzeitig Organwalter der Muttergesellschaft zu sein, lediglich durch eine Drittvergütung auf die Konzerninteressen ausgerichtet wird.[207] Wenn dies aber rechtlich zulässig ist, so wird angenommen, müsse es doch *a maiore ad minus* erst recht zulässig sein, die Vergütung eines Tochtervorstands an der Obergesellschaft auszurichten.[208] Dieser Schluss ist jedoch nicht zwingend, lässt sich doch schon der Gesetzesbegründung entnehmen, dass es „Doppelbezüge von Vorständen, die zugleich gesetzliche Vertreter in Töchtern sind, tunlichst zu meiden" gilt.[209] Darauf aufbauend lässt sich schlussfolgern, dass die gesetzliche Anerkennung von Doppelmandaten die Ausnahme und nicht die Regel darstellt, sodass deren Duldung keinesfalls mit einer Legitimation der Drittvergütung im faktischen Konzern einhergehen muss.[210]

Zudem wird in Fällen von Vorstandsdoppelmandaten zwar eine Art „Doppelloyalität" hingenommen, nicht jedoch eine Aufhebung der aus dem Recht der abhän-

---

[204] *Tröger*, ZGR 2009, 447 (471).

[205] Spindler/Stilz-*Rieckers*, § 192, Rn. 61a; *Goette*, FS Hopt, 689 (697); *Habersack*, FS Raiser, 111 (124); *Habersack*, NZG 2008, 634 (635); *Reichert/Balke*, FS Hellwig, 285 (291).

[206] Allg. Meinung: BGHZ 180, 105 (108 ff.); OLG Köln, AG 1993, 86 (89); Spindler/Stilz-*Fleischer*, § 76, Rn. 105 ff; *Hüffer*, § 76, Rn. 20 f; Großkomm-*Kort*, § 76, Rn. 178; KK-*Mertens/Cahn*, § 76, Rn. 70; Schmidt/Lutter-*Seibt*, § 84, Rn. 26; MünchHdb/AG-*Wiesner*, § 20, Rn. 10; *Fonk*, NZG 2010, 368 (368); *Habersack*, FS Raiser, 111 (123); *Hoffman-Becking*, ZHR 1986, 570 (574); *Lutter/Krieger*, Aufsichtsrat, § 7, Rn. 477; *Passarge*, NZG 2007, 441 (441); *Raiser/Veil*, Kapitalgesellschaften, § 53, Rn. 12; *Semler*, FS Stiefel, 719 (734).

[207] Spindler/Stilz-*Rieckers*, § 192, Rn. 61a; Schmidt/Lutter-*Vetter*, § 311, Rn. 33; Hdb/Vorstandrecht-*Fleischer*, § 18, Rn. 128; *Habersack*, FS Raiser, 111 (124 f.); *Hohenstatt/Seibt/Wagner*, ZIP 2008, 2289 (2293); *Reichert/Balke*, FS Hellwig, 285 (291).

[208] Spindler/Stilz-*Rieckers*, § 192, Rn. 61a; Schmidt/Lutter-*Vetter*, § 311, Rn. 33; *Arnold*, FS Bauer, 35 (43 f.); *Goette*, FS Hopt, 689 (697); *Habersack*, FS Raiser, 111 (125); *Habersack*, NZG 2008, 634 (635); *Hohenstatt/Seibt/Wagner*, ZIP 2008, 2289 (2293); *Jooß*, Drittanstellung, S. 232; *Martens*, FS Ulmer, 399 (416 f.); *Reichert/Balke*, FS Hellwig, 285 (291).

[209] Begr. RegE BT Drucks. 13/9712, S. 23; so auch: *Spindler*, FS Schmidt, 1529 (1540).

[210] *Spindler*, FS Schmidt, 1529 (1540); *Spindler*, Gutachten, S. 24; *Tröger*, ZGR 2009, 447 (469).

gigen Gesellschaft resultierenden Schranken.[211] So wird von der vorherrschenden Meinung gefordert, dass der Doppelmandatsträger seine beiden unterschiedlichen Tätigkeitsbereiche strikt trennt.[212] Dieses Konzept würde aber gerade nicht eingehalten, wäre es zulässig, eine Drittvergütung in der Untergesellschaft zu etablieren, die eine Leitungstätigkeit im Konzerninteresse erforderlich macht.[213] Gegen einen Wertungswiderspruch spricht letztlich auch ein fiktives Beispiel, bei dem sowohl eine Doppelmandatskonstellation vorliegt, als auch der Tochtervorstand durch eine Drittvergütung auf den Erfolg der Konzernmutter ausgerichtet wird. Betrachtete man die Drittvergütung als zulässig, so führte dies im Beispiel zu einer Verdopplung der bereits bestehenden Anreize, die Interessen der Obergesellschaft gegenüber denen der eigenen Gesellschaft vorrangig zu beachten. In dieser Konstellation bestünde folglich ein permanenter Interessenkonflikt.[214] Von den Tochtervorständen könnte daher kaum noch erwartet werden, die Interessen der eigenen Gesellschaft wahrzunehmen, was jedoch im faktischen Konzern für die Funktionsfähigkeit des Schutzsystems vorausgesetzt wird.[215] Der Anerkennung von Doppelmandaten kann daher keine Aussage über die rechtliche Zulässigkeit von Drittvergütungen in faktischen Konzernkonstellationen entnommen werden. Daher liegt auch kein Wertungswiderspruch zu deren rechtlicher Zulässigkeit vor.

bb) Ausnahme: Geringe Anreizintensität

Eine Ausnahme von der Unvereinbarkeit der auf Erfolgsziele der Mutter bezogenen Drittvergütung mit dem Unternehmensinteresse der Tochter ist nur dann zu machen, wenn die erfolgsbezogenen Vergütungselemente mit Bezug auf die Tochter diejenigen hinsichtlich der Mutter eindeutig überwiegen.[216] Schließlich ist in diesem Fall nicht damit zu rechnen, dass der Tochtervorstand den Interessen der Mutter eine klare Priorität bei seiner Entscheidungsfindung einräumen wird.

---

[211] *v. Bredow*, Aktienoptionen, S. 159 f; *Tröger*, ZGR 2009, 447 (470).

[212] BGHZ 180, 105 (108 ff.); Spindler/Stilz-*Fleischer*, § 76, Rn. 94; Großkomm-*Kort*, § 76, Rn. 182; MünchHdb/AG-*Krieger*, § 69, Rn. 29; MüKo-*Spindler*, § 76, Rn. 57 f; *Hoffmann-Becking*, ZHR 1986, 570 (577); *Raiser/Veil*, Kapitalgesellschaften, § 53, Rn. 12.

[213] *Tröger*, ZGR 2009, 447 (470); **a.A.** *Arnold*, FS Bauer, 35 (44).

[214] LG Köln, AG 2008, 327 (325); Großkomm-*Frey*, § 193, Rn. 68; *Spindler*, FS Schmidt, 1529 (1541 f.); *Tröger*, ZGR 2009, 447 (470 f.); *Zitzewitz*, NZG 1999, 698 (705).

[215] *Spindler*, Gutachten S. 25; *Zitzewitz*, NZG 1999, 698 (705).

[216] Vgl. MüKo-*Fuchs*, § 192, Rn. 90; KK-*Mertens/Cahn*, § 87, Rn. 11; Spindler/Stilz-*Rieckers*, § 192, Rn. 61b; *Arnold*, FS Bauer, 35 (40 f.); *Hohenstatt/Seibt/Wagner*, ZIP 2008, 2289 (2293 f.); *Spindler*, Gutachten, S. 28; *Waldhausen/Schüller*, AG 2009, 179 (183); **a.A.** *Heidel*, FS Mehle, 247 (258); *Tröger*, ZGR 2009, 447 (473), die keine Ausnahme zulassen wollen.

Darüber hinaus wird teilweise vertreten, dass mutterbezogene Vergütungsbestand-teile dann als rechtlich unproblematisch einzustufen sind, wenn der Vorstand der abhängigen AG überhaupt keinen Einfluss auf deren Wertentwicklung nehmen kann. In diesem Fall bestünde schließlich gar keine Anreizwirkung, die einen Interessenkonflikt auslösen könne.[217] Zwar mag man anzweifeln, dass der Tochtervorstand durch seine Entscheidungen direkten Einfluss auf beispielsweise den Börsenkurs der Mutter nehmen kann, dennoch ist diese Betrachtungsweise abzulehnen. So erscheint es schon fraglich, warum ein Tochtervorstand überhaupt eine mutterbezogene Drittvergütung erhalten sollte, wenn dieser keine incentivie-rende Wirkung beikäme.[218] Des Weiteren ist kaum festzustellen, wie ausgeprägt die Einflussmöglichkeiten des Tochtervorstands auf die Geschicke der Mutter tatsächlich sind. Jegliche Rückkopplung an das Interesse der Muttergesellschaft kann das „Zünglein an der Waage" in der Entscheidungsfindung des Tochtervor-stands sein, sofern nicht die Vergütung durch die Tochter eindeutig überwiegt.[219]

Letztendlich kann daher nur bezogen auf den Einzelfall festgestellt werden, wann eine Drittvergütung eine Fehlincentivierung auslöst und damit ein Verstoß gegen das Unternehmensinteresse anzunehmen ist.[220] Im Fall des OLG München wurde beispielsweise ein Verstoß angenommen, als die drittbezogenen Bezüge etwa 56 % der Gesamtvergütung und 80 % der variablen Vergütung ausmachten.[221] *Hohenstatt/Seibt/Wagner* schlagen daher vor, dass maximal 30 – 50 % der variablen Vergütung auf den Erfolg der Muttergesellschaft ausgerichtet werden sollten.[222] *Bosse* nimmt dagegen an, dass zumindest 25 % der Gesamtbezüge als zulässig zu erachten sind.[223] Dies kann jedoch höchstens als grobe Richtlinie dienen. Vielmehr wird im Wege einer Gesamtabwägung zu ermitteln sein, ob die Drittvergütung im Einzelfall eine Fehlincentivierung auslöst und damit einen Verstoß gegen das Unternehmensinteresse der Tochtergesellschaft begründet.[224]

---

[217] Spindler/Stilz-*Rieckers*, § 192, Rn. 61b; *Hohenstatt/Seibt/Wagner*, ZIP 2008, 2290 (2294 f.); *Martens*, FS Ulmer, 399 (416); *Waldhausen/Schüller*, AG 2009, 179 (183 f.).
[218] *v. Bredow*, Aktienoptionen, S. 161; *Spindler*, Gutachten, S. 29; *Tröger*, ZGR 2009, 447 (473).
[219] *Spindler*, Gutachten, S. 29; *Waldhausen/Schüller*, AG 2009, 179 (183).
[220] MüKo-*Fuchs*, § 192, Rn. 90; Spindler/Stilz-*Rieckers*, § 192, Rn. 61b; Schmidt/Lutter-*Veil*, § 192, Rn. 25; *Hommelhoff*, FS Goette, 169 (175 f.); *Waldhausen/Schüller*, AG 2009, 179 (183).
[221] OLG München, AG 2008, 593 (594).
[222] *Hohenstatt/Seibt/Wagner*, ZIP 2008, 2289 (2294); ähnlich auch: Spindler/Stilz-*Rieckers*, § 192, Rn. 61b; *Arnold*, FS Bauer, 45 (47); *Waldhausen/Schüller*, AG 2009, 179 (183).
[223] *Bosse*, Vorstandsvergütung, Rn. 506.
[224] MüKo-*Fuchs*, § 192, Rn. 90; *Arnold*, FS Bauer, 35 (46 f.); *Hohenstatt/Seibt/Wagner*, ZIP 2008, 2289 (2295); *Spindler*, Gutachten, S. 28; *Waldhausen/Schüller*, AG 2009, 179 (183).

b) Zustimmung des Aufsichtsrats

Wie dargelegt, beeinträchtigt eine Drittvergütung die Vergütungskompetenz des Aufsichtsrats gemäß § 87 AktG, sodass in der unabhängigen AG dessen Zustimmung einzuholen ist.[225] Dies wäre im faktischen Konzern nur dann anders zu beurteilen, wenn es in diesem zu einer Überlagerung der Kompetenzen des Aufsichtsrats käme. Ein derart weiter Eingriff in die Organisationsverfassung der abhängigen Gesellschaft findet jedoch im faktischen Konzern nicht statt,[226] sodass auch weiterhin dessen Zustimmung eingeholt werden muss.

3. Aktienrechtliche Vorgaben im Vertragskonzern

a) Wahrung des Unternehmensinteresses der Tochtergesellschaft

Anders ist die Rechtslage im Vertragskonzern zu beurteilen. In diesem unterstellt sich das abhängige Unternehmen durch einen Beherrschungsvertrag der Leitung des herrschenden Unternehmens (§ 291 Abs. 1 Satz 1 Alt. 1 AktG). Zwar wird teilweise vorgetragen, dass auch im Vertragskonzern der Vorstand der abhängigen Gesellschaft trotz des aus § 308 AktG resultierenden Weisungsrechts der Konzernmutter verpflichtet sei, die Interessen seines Unternehmens zu wahren,[227] doch wird dabei die zwecküberlagernde Wirkung von Beherrschungsverträgen verkannt. Dem Beherrschungsvertrag wird nämlich allgemein die Funktion zugesprochen, den Verbandszweck und die Organisationsverfassung der abhängigen Gesellschaft für die Konzernbelange umfassend zu öffnen.[228] Aufgrund der damit einhergehenden Ausrichtung der Tochter auf das Konzerninteresse ist gegen eine Drittvergütung im Vertragskonzern rechtlich nichts einzuwenden.[229] Die Interessen der Gläubiger und außenstehenden Aktionäre werden ausreichend

---

[225] Siehe dazu: C.III.4.a)bb).

[226] MüKo-*Altmeppen*, § 311, Rn. 3 ff; Emmerich/Habersack-*Habersack*, § 311, Rn. 4; KK-*Koppensteiner*, Vor § 311, Rn. 5 ff; Hölters-*Leuering/Goertz*, § 311, Rn. 1 ff; Spindler/Stilz-*Müller*, § 311, Rn. 1; Schmidt/Lutter-*Vetter*, § 311, Rn. 3 ff; *Tröger*, ZGR 2009, 447 (453 ff.).

[227] Großkomm-*Kort*, § 87, Rn. 143; KK-*Mertens/Cahn*, § 87, Rn. 25.

[228] MüKo-*Altmeppen*, § 291, Rn. 25 f; Emmerich/Habersack-*Emmerich*, § 291, Rn. 25 ff; *Hüffer*, § 291, Rn. 17; KK-*Koppensteiner*, Vor § 291, Rn. 156; Spindler/Stilz-*Veil*, § 291, Rn. 9 ff; *Hohenstatt/Seibt/Wagner*, ZIP 2008, 2289 (2289 f); *Tröger*, ZGR 2009, 447 (460 f.).

[229] Allg. Meinung: Begr. RegE BT-Drucks. 13/9712, S. 23 f; OLG München, AG 2008, 593 (595); Großkomm-*Frey*, § 192, Rn. 101; *Hüffer*, § 192, Rn. 20; Großkomm-*Kort*, § 87, Rn. 151; Bürgers/Körber-*Marsch-Barner*, § 192, Rn. 17; Spindler/Stilz-*Rieckers*, § 192, Rn. 61; MüKo-*Spindler*, § 87, Rn. 51; Schmidt/Lutter-*Veil*, § 192, Rn. 25; MünchHdb/AG-*Wiesner*, § 21, Rn. 42; *Casper*, Optionsvertrag, S. 442 f; Semler/v.Schenck-*Fonk*, § 9, Rn. 145; *Habersack*, FS Raiser, 111 (122); *Hohenstatt/Seibt/Wagner*, ZIP 2008, 2289 (2289 f.); Schüppen/Schaub-*Kutsch*, § 32, Rn. 96; Manz/Mayer/Schröder-*Manz*, Rn. 809d; *Martens*, FS Ulmer, 399 (416); *Spindler*, FS Hopt, 1407 (1421); *Spindler*, FS Schmidt, 1529 (1536); *Tröger*, ZGR 2009, 447 (459); *Waldhausen/Schüller*, AG 2009, 179 (185); *Zitzewitz*, Stock Options, S. 154 f.

durch die Schutzvorschriften gemäß §§ 302, 303 AktG gewahrt. Eine Drittvergütung des Tochtervorstands ist daher im Vertragskonzern zulässig, auch wenn diese nicht im Einklang mit dem Unternehmensinteresse der Tochtergesellschaft steht.

b) Zustimmung des Aufsichtsrats

Allerdings hat der Abschluss eines Beherrschungsvertrags keine Auswirkungen auf die Kompetenzen des Aufsichtsrats, sodass auch hier dessen Zustimmung einzuholen ist.[230] Da dieser jedoch gemäß § 101 AktG überwiegend vom Mehrheitsaktionär bestellt wird, stellt dieses Kriterium häufig kein großes Hindernis dar.

4. Aktienrechtliche Vorgaben in Sonderkonstellationen

a) Einpersonen-AG

Wie im Vertragskonzern könnte man auch in der Einpersonen-AG annehmen, dass eine auf Ziele der Mutter ausgerichtete Drittvergütung rechtlich zulässig ist. So existieren keine außenstehenden Aktionäre, weshalb die Belange des Minderheitenschutzes keine Berücksichtigung finden müssen.[231] Damit wird jedoch das Schutzziel der §§ 311 ff. AktG auf die außenstehenden Aktionäre reduziert. Dies entspricht aber nicht dem Zweck der §§ 311 ff. AktG, die gleichermaßen dem Schutz der Gläubiger dienen.[232] Demgemäß differenziert auch das Gesetz selbst bezüglich des Eingreifens der §§ 311 ff. AktG nicht danach, ob es sich um eine Einpersonen-AG oder eine solche mit Minderheitsaktionären handelt.[233] Zur Sicherung der Gläubigerinteressen müssen die Schutzinstrumente der §§ 311 ff. AktG daher auch dann funktionsfähig sein, wenn die abhängige Gesellschaft nicht über Minderheitsaktionäre verfügt. Die rechtliche Lage in der Einpersonen-AG verhält sich demnach analog zur Konstellation des faktischen Konzerns.[234]

---

[230] Emmerich/Habersack-*Emmerich*, § 291, Rn. 12; KK-*Koppensteiner*, § 291, Rn. 20.

[231] Begr. RegE, BT-Drucks. 13/9712, S. 24; *Hüffer*, § 192, Rn. 20; Großkomm-*Kort*, § 87, Rn. 151; Bürgers/Körber-*Marsch-Barner*, § 192, Rn. 17; Spindler/Stilz-*Rieckers*, § 192, Rn. 61; Heidel-*Wagner*, § 193, Rn. 14; *Baums*, AG-Sonderheft 1997, 26 (36); *Habersack*, FS Raiser, 111 (126 f.); *Kallmeyer*, AG 1999, 97 (102); *Martens*, FS Ulmer, 399 (416); *Tröger*, ZGR 2009, 447 (468); *Waldhausen/Schüller*, AG 2009, 179 (186).

[232] MüKo-*Altmeppen*, § 311, Rn. 10; Großkomm-*Frey*, § 192, Rn. 101; Emmerich/Habersack-*Habersack*, § 311, Rn. 1; KK-*Koppensteiner*, § 311, Rn. 1; MüKo-*Spindler*, § 87, Rn. 51; *Schmidt*, Gesellschaftsrecht, S. 491; *Spindler*, FS Schmidt, 1529 (1542).

[233] MüKo-*Altmeppen*, § 311, Rn. 3; Emmerich/Habersack-*Habersack*, § 311, Rn. 13; Schmidt/Lutter-*Vetter*, § 311, Rn. 13; *v. Bredow*, Aktienoptionen, S. 143 f; *Habersack*, FS Raiser, 111 (126 f.); *Spindler*, FS Schmidt, 1529 (1542); *Spindler*, Gutachten, S. 30.

[234] KK-*Mertens/Cahn*, § 87, Rn. 11; MüKo-*Spindler*, § 87, Rn. 51; *Habersack*, FS Raiser, 111 (127); *Waldmann/Schüller*, AG 2009, 179 (186); **a.A.** Begr. RegE, BT-Drucks. 13/9712, S. 24.

b) Mehrstufiger Konzern

Das Verfahren vor dem OLG München[235] hat eindrucksvoll belegt, dass die Problematik der Drittvergütung auch im mehrstufigen Konzern Relevanz besitzt. So kommt es beispielsweise in Betracht, dass die Drittvergütung des Vorstands der Enkelin vom Erfolg der Konzernmuttergesellschaft abhängig gemacht wird.

aa) Mehrstufiger Vertragskonzern

Unproblematisch ist die rechtliche Beurteilung, wenn im mehrstufigen Konzern eine durchgehende Kette von Beherrschungsverträgen geschlossen wurde. In diesem Fall sind die §§ 311 ff. AktG insgesamt - also auch im vertragslosen Verhältnis zwischen Mutter und Enkel-AG - verdrängt.[236] Zum einen verfügt die Mutter über ein mittelbares Weisungsrecht über die Tochtergesellschaft,[237] zum anderen wird der Schutz der Enkelin dadurch gewährleistet, dass sie mittelbar durch die Ansprüche abgesichert wird, die der Tochter gegenüber der Mutter zustehen.[238]

bb) Mehrstufiger faktischer Konzern

Im mehrstufigen faktischen Konzern kommt eine Drittvergütung des Vorstands der Tochter- bzw. Enkelgesellschaft, die deren Unternehmensinteresse zuwiderläuft, nicht in Betracht, denn in diesen Fällen findet keine Überlagerung des Gesellschaftszwecks der jeweiligen Gesellschaft statt.[239] Daher muss eine Drittvergütung der Vorstände wie im faktischen einstufigen Konzern grundsätzlich dem Unternehmensinteresse der jeweiligen Gesellschaft entsprechen.[240]

cc) Mehrstufiger Mischkonzern

Problematisch gestalten sich hingegen Mischkonstellationen, wenn in einem Konzern also teilweise Beherrschungsverträge geschlossen sind, teilweise aber auch nur eine faktische Beherrschung erfolgt. So ist es denkbar, dass der Vorstand der Enkelin als Drittvergütung Aktienoptionen der Mutter erhält, wobei die

---

[235] OLG München, AG 2008, 593 ff. (wenn auch in der Variante der mittelbaren Drittvergütung).

[236] Allgemeine Meinung: OLG Frankfurt, AG 1999, 238 (239); MüKo-*Altmeppen*, Anh. § 311, Rn. 46 ff; Bürgers/Körber-*Fett*, § 311, Rn. 6; Habersack/Emmerich-*Habersack*, § 311, Rn. 18; *Hüffer*, § 311, Rn. 15; KK-*Koppensteiner*, Vor § 311, Rn. 29; MünchHdb/AG-*Krieger*, § 69, Rn. 70; Spindler/Stilz-*Müller*, § 311, Rn. 10; Schmidt/Lutter-*Vetter*, § 311, Rn. 20; *Spindler*, FS Schmidt, 1529 (1542); *Spindler*, Gutachten, S. 30 f; **a.A.** *Cahn*, BB 2000, 1477 (1481 ff.).

[237] MüKo-*Altmeppen*, § 311 Anh., Rn. 20; Emmerich/Habersack-*Habersack*, § 311, Rn. 18; *Spindler*, FS Schmidt, 1529 (1542 f.); *Wimmer-Leonhardt*, Konzernhaftungsrecht, S. 120 f.

[238] OLG Frankfurt, AG 2010, 53 (53); Emmerich/Habersack-*Habersack*, § 311, Rn. 18; KK-*Koppensteiner*, Vor § 311, Rn. 29; *Wimmer-Leonhardt*, Konzernhaftungsrecht, S. 120.

[239] Siehe dazu oben: D.IV.3.a).

[240] OLG München, AG 2008, 593 (594); *Spindler*, FS Schmidt, 1529 (1543).

Enkelgesellschaft zur Tochter vertraglich konzerniert ist, während zwischen Tochter und Mutter nur ein faktisches Herrschaftsverhältnis besteht.[241] Die vorherrschende Meinung nimmt in dieser Konstellation unter Hinweis auf das ansonsten übermäßige Schutzniveau, das die Enkelin bei gleichzeitiger Geltung der §§ 300 ff. AktG (im Verhältnis zur Tochter) und der §§ 311 ff. AktG (im Verhältnis zur Mutter) erführe, an, dass die §§ 311 ff. AktG nicht nur im Verhältnis zur Tochter, sondern auch zur Mutter verdrängt werden.[242] Überträgt man dies auf die Frage nach der Zulässigkeit der Drittvergütung, die insbesondere aufgrund der mangelnden Funktionsfähigkeit der §§ 311 ff. AktG Probleme hervorruft, so könnte man zu dem Ergebnis kommen, dass in diesem Fall keine Bedenken hinsichtlich deren Zulässigkeit bestehen. Dem ist jedoch nicht zu folgen, denn genauso wenig wie die Tochtergesellschaft ihre eigenen Interessen im Rahmen von § 311 Abs. 2 AktG vernachlässigen darf, so wenig ist es dem Vorstand der Enkelin zu erlauben, aufgrund der Drittvergütung überwiegend die Interessen der Muttergesellschaft zu berücksichtigen.[243] Des Weiteren besteht gerade in Fällen der Drittvergütung kein übermäßiger Schutz zugunsten der Enkelin, da mangels Notwendigkeit der Veranlassung die §§ 311 ff. AktG im Verhältnis Mutter-Tochter (bzw. Enkelin) regelmäßig nicht eingreifen werden.[244] Nur im Falle eines unmittelbaren Beherrschungsvertrags zwischen Enkel- und Muttergesellschaft und der damit verbundenen Ausrichtung auf das Konzerninteresse wäre der Fall anders zu entscheiden.[245]

5. Offenlegungspflicht gemäß § 314 HGB

Gemäß § 314 Abs. 1 Nr. 6 lit. a) Satz 7 HGB gelten die für die unabhängige Gesellschaft konstituierten Offenlegungspflichten auch für den Anhang zum Konzernabschluss einer börsennotierten Muttergesellschaft.[246]

---

[241] *Spindler*, FS Schmidt, 1529 (1543); *Spindler*, Gutachten, S. 31.
[242] LG Frankfurt, AG 1999, 238 (239); MüKo-*Altmeppen*, Anh. § 311, Rn. 52 ff; Bürgers/Körber-*Fett*, § 311, Rn. 7; *Hüffer*, § 311, Rn. 15; KK-*Koppensteiner*, Vor § 311, Rn. 31; Münch-Hdb/AG-*Krieger*, § 69, Rn. 70; Spindler/Stilz-*Müller*, § 311, Rn. 10; Heidel-*Walchner*, § 311, Rn. 12; *Zitzewitz*, NZG 1999, 698 (705); **a.A.** Emmerich/Habersack-*Habersack*, § 311, Rn. 19; *Cahn*, BB 2000, 1477 (1478 ff.); *Kronstein*, BB 1967, 637 (640).
[243] *Spindler*, FS Schmidt, 1529 (1543); *Spindler*, Gutachten, S. 31; **a.A.** *Zitzewitz*, NZG 1999, 698 (705).
[244] Siehe dazu oben: D.IV.2.a)aa)(1).
[245] *Spindler*, FS Schmidt, 1529 (1543); *Spindler*, Gutachten, S. 31.
[246] Siehe zu den genauen Einzelheiten: C.III.5.

V. Bewertung und Lösungsmöglichkeiten: Drittvergütung im Konzern

Im Vertragskonzern unterliegt die Drittvergütung von Tochtervorständen keinen rechtlichen Bedenken und kann (bei Zustimmung des Aufsichtsrats) ohne Weiteres als Anreizinstrument verwendet werden. Im faktischen Konzern ist es dagegen zu empfehlen, auf eine Drittvergütung, die nicht dem Unternehmensinteresse der Tochter entspricht, zu verzichten. Falls eine Ausrichtung auf das Konzerninteresse dennoch erfolgen soll, kommen folgende Gestaltungsmöglichkeiten in Betracht:

1. Zustimmung der Minderheitsgesellschafter

Teilweise wird vorgeschlagen, im faktischen Konzern vorsorglich die Zustimmung der Minderheitsaktionäre oder einen einstimmigen zustimmenden Hauptversammlungsbeschluss einzuholen.[247] Jedoch haben weder die Minderheitsgesellschafter noch die Hauptversammlung nach dem Aktiengesetz die Kompetenz, über die Vergütung von Vorstandsmitgliedern zu entscheiden.[248] Daran ändert auch die Einführung des § 120 Abs. 4 AktG durch das VorstAG nichts, denn gemäß § 120 Abs. 4 Satz 2 AktG entfaltet ein solcher Beschluss keine rechtlichen Wirkungen.[249] Damit ist ein Beschluss über die drittbezogene Vergütung des Vorstands aufgrund der mangelnden Zuständigkeit der Hauptversammlung gemäß § 241 Nr. 3 AktG als nichtig zu erachten.[250] Des Weiteren hätte selbst eine Zustimmung der außenstehenden Aktionäre keine Auswirkungen auf den gleichzeitig nicht mehr gewährleisteten Gläubigerschutz.[251] Die Zustimmung der außenstehenden Aktionäre ändert damit nichts an der bestehenden Rechtslage, sodass die Drittvergütung im faktischen Konzern - außerhalb von Ausnahmekonstellationen -dem Unternehmensinteresse der Tochter entsprechen muss. Allerdings geht der BGH in der *Mannesmann*-Entscheidung davon aus, dass bei einem Einverständnis der Hauptversammlung mit der Vergütungsentscheidung des Aufsichtsrats zumindest der Vorwurf der strafbaren Untreue gemäß § 266 StGB entfallen kann.[252]

---

[247] Großkomm-*Kort*, § 87, Rn. 201; *Heidel*, FS Mehle, 247 (258); *Kallmeyer*, AG 1999, 97 (102); Manz/Mayer/Schröder-*Manz*, Rn. 809d; *Reichert/Balke*, FS Hellwig, 285 (287); *Waldhausen/Schüller*, AG 2009, 179 (185); *Zitzewitz*, NZG 1999, 698 (700 f.).
[248] *Arnold*, FS Bauer, 35 (49); *Waldhausen/Schüller*, AG 2009, 179 (185).
[249] BT-Drucks. 16/13433, S. 19: mit der Betonung der rechtlichen Unverbindlichkeit.
[250] Hölters-*Englisch*, § 241, Rn. 66; *Hüffer*, § 241, Rn. 20; MüKo-*Hüffer*, § 241, Rn. 62; Großkomm-*Schmidt*, § 241, Rn. 57; Schmidt/Lutter-*Schwab*, § 241, Rn. 19; Spindler/Stilz-*Würthwein*, § 241, Rn. 206; *Arnold*, FS Bauer, 35 (49); *Vetter*, ZIP 2009, 1307 (1309).
[251] Siehe dazu oben: D.IV.3.a).
[252] BGHSt 50, 331 (342 f.).

2. Vertragsgestaltung: Vereinbarung von Höchstbeträgen („Caps")

Wie die genannte Ausnahmekonstellation zeigt, ist nicht jede auf den Erfolg der Mutter ausgerichtete Drittvergütung unzulässig. Daher kommt es in Betracht, den Anteil der Drittvergütung am Gesamtverdienst des Vorstands von vornherein durch sogenannte „Caps" auf das gesetzlich zulässige Maß zu beschränken.[253] So kann, wenn beispielsweise Aktienoptionen der Mutter gewährt werden, in der Vergütungsabrede mit der Muttergesellschaft vorgesehen werden, dass die Drittvergütung nie 25 % der Gesamtvergütung des Tochtervorstands übersteigen darf.

3. Gesteigerte Überwachungspflichten des Aufsichtsrats

Der Aufsichtsrat kann möglichen Interessenkonflikten zudem durch eine gesteigerte Überwachung der Vorstandsmitglieder, denen eine Drittvergütung der Mutter gewährt wird, vorbeugen. So können Regelungen in den Vorstandsvertrag aufgenommen werden, wonach das Vorstandsmitglied dazu verpflichtet ist, den Aufsichtsrat über potentielle Interessenkonflikte zu unterrichten.[254] Entscheidungen mit erheblichem wirtschaftlichen Ausmaß, welche die Muttergesellschaft betreffen, können außerdem gemäß § 111 Abs. 4 Satz 2 AktG unter einen Zustimmungsvorbehalt des Aufsichtsrats gestellt werden.[255] Inwieweit ein solches Kontrollsystem im Hinblick auf den erheblichen Einfluss des Mehrheitsaktionärs auf den Aufsichtsrat praxistauglich ist, muss jedoch dahingestellt bleiben.[256]

---

[253] So auch: *Arnold*, FS Bauer, 35 (48); *Waldhausen/Schüller*, AG 2009, 179 (184 f.).
[254] *Arnold*, FS Bauer, 35 (48 f.); *Hohenstatt/Seibt/Wagner*, ZIP 2008, 2289 (2295); *Mayer-Uellner*, AG 2011, 193 (199); *Spindler*, Gutachten, S. 28; *Tröger*, ZGR 2009, 447 (472).
[255] Dies könnte beispielsweise zu einer Erhöhung der zulässigen Ausnahmeschwelle führen.
[256] Für die Praxistauglichkeit *Arnold*, FS Bauer, 35 (48); *Hohenstatt/Seibt/Wagner*, ZIP 2008, 2289 (2295); dagegen: *Tröger*, ZGR 2009, 447 (472).

E. Gesamtergebnis

Um dem aus der Trennung von Eigentum und Kontrolle resultierenden Principal-Agent-Konflikt in der Aktiengesellschaft Einhalt zu gebieten, besteht in der Praxis für die Drittvergütung von Vorstandsmitgliedern ein erhebliches Bedürfnis. Allerdings kann auf die Drittvergütung zur Lösung dieses Konflikts nur bedingt zurückgegriffen werden: So kann die rechtliche Problematik im Hinblick auf die allgemeinen aktienrechtlichen Prinzipien in der unabhängigen Aktiengesellschaft erst durch die Ausrichtung der Vergütung am Unternehmensinteresse und die Zustimmung des Aufsichtsrats gelöst werden. Im Konzern erscheint die Situation dagegen zunächst erheblich einfacher:

Dies begründet sich damit, dass im Konzern eine Leitung im Konzerninteresse unter dem Vorbehalt der Gewährleistung des Minderheiten- und Gläubigerschutzes als rechtlich zulässig erachtet wird. Diese Schutzforderung ist im Vertragskonzern gemäß §§ 302, 303 AktG in jedem Fall erfüllt, sodass in diesem eine Drittvergütung allein mit der Zustimmung des Aufsichtsrats mit geltendem Recht vereinbar ist. Dagegen ist der durch die Drittvergütung hervorgerufene und im Volksmund unter dem Satz „wes Brot ich ess, des Lied ich sing" bekannte Effekt, welcher die bereits auf den herrschenden Aktionär ausgerichtete Leitung des Vorstands weiter zu dessen Gunsten verschiebt, mit dem Schutzsystem des gestreckten Einzelausgleichs gemäß §§ 311 ff. AktG nur schwerlich zu vereinbaren. Zur Aufrechterhaltung eines angemessenen Schutzniveaus müssen im faktischen Konzern daher, abgesehen von Ausnahmekonstellationen, die gleichen Rahmenbedingungen wie in der unabhängigen Aktiengesellschaft gelten. Sollte zur Festigung des Konzerninteresses dennoch Bedarf für eine, dem Unternehmensinteresse der Tochter widersprechende Drittvergütung bestehen, so ist auf die dargelegten Lösungsmöglichkeiten zu verweisen. Als einzige wirklich rechtssichere Alternative bietet sich jedoch im Zweifelsfall der Abschluss eines Beherrschungsvertrags an.